AF665460

A. Matthias Mack

Rauhnacht, Weihnacht, Stille Nacht.

A. Matthias Mack

Rauhnacht,
Weihnacht,
Stille Nacht

Rediroma-Verlag

Bibliografische Information der Deutschen Nationalbibliothek:
Die Deutsche Nationalbibliothek verzeichnet diese Publikation in der Deutschen Nationalbibliografie; detaillierte bibliografische Daten sind im Internet über http://dnb.ddb.de abrufbar.

ISBN 978-3-86870-848-6

www.rediroma-verlag.de
8,95 Euro (D)

Inhalt

Für Aaron und Noa,
sowie für alle Eisenbahn-
und Weihnachtsfans.

Kapitel 1: Die Ferien beginnen

Endlich fuhr der Zug ein. Die halbe Stunde Wartezeit auf dem Bahnhof zog sich am Ferienbeginn immer unendlich lange hin. Aber jetzt war es doch soweit und der weinrote Schienenbus rollte gemütlich in den Bahnhof ein und nachdem er mit quietschendem Bremsengeräusch angehalten hatte, setzte ich mich auf meinen Stammplatz ganz vorne hinter dem Zugführer. Stefan setzte sich eine Reihe dahinter, Tanja wie immer auf die andere Seite. Dies hatte den Vorteil, dass jeder aus dem Fenster schauen und seinen Gedanken nachjagen konnte. Also zumindest habe ich es immer so gemacht. Jeden Tag, wenn wir von der Schule nach Hause fuhren. Da kamen mir dann die besten Ideen und es fielen mir die schönsten Geschichten ein.

Und so ließ ich auch heute meinen Gedanken einfach wieder freien Lauf: Am kommenden Montag war Heilig Abend! Weihnachten und ganz besonders auch die davorliegende Adventszeit waren damals schon für mich die schönste Jahreszeit, die es gibt. Wenn die Häuser und Fenster geschmückt sind (auch wenn es damals Ende der 70er Jahre des letzten Jahrhunderts noch nicht so viele Lichterketten und Leuchtfiguren an den

Häusern und im Garten gab) genauso wie die Stuben darinnen, die Schaufenster der Geschäfte sehen feierlich aus, überall klingen Weihnachtslieder … und wenn dann auch noch Schnee fällt…!

Apropos Schnee: draußen ging gerade ein Schneegestöber nieder und man konnte kaum 50 Meter weit sehen. Aber an der Bahnstrecke kannte ich eh schon jedes Haus und jeden Baum.

Endlich waren Ferien! Und ich dachte darüber nach, ob das nun zu Ende gehende Jahr eigentlich ein gutes Jahr war. In der Schule lief es ganz ordentlich, fand ich. Auch wenn ich natürlich nicht mit den Noten meiner kleinen Schwester Tanja oder gar den Noten vom Stefan mithalten konnte.

Stefan ist übrigens der Sohn von unseren Nachbarn, den Mosers. Wir waren meistens ganz gut befreundet, der Stefan und ich. Was bleibt einem auch anderes übrig, schließlich waren wir beide die einzigen Buben im Dorf. Noch schlimmer hatte es da die Tanja erwischt. Sie war nämlich das einzige Mädel.

Dazu muss man aber auch wissen, dass unser Dorf nur aus drei Häusern bestand. Zwei davon waren Bergbauernhöfe, in dem einen wohnte der Stefan, im anderen die Tanja und ich. Das dritte Haus war unser Bahnhof. Da wohnte damals der Bahnhofsvorsteher Ignazius Mühlenbrandt mit seiner Rosetta. Die beiden hatten im Bahnhofsgebäude einen Kiosk, bei dem es fast alles zu kaufen gab, und eine Touristeninformation. Im Frühjahr und Sommer kamen nämlich die Bergsteiger und im Winter die Skiwanderer zu uns nach Winterdorf. Deshalb hatten dem Stefan seine Mutter und meine Mama auch Gästezimmer auf den Höfen eingerichtet.

Sportlich gesehen hätte es dieses Jahr wirklich besser laufen können: Meine Bayern haben nicht einen Titel geholt, der HSV ist deutscher Meister geworden. Und, was noch viel schlimmer war: die Borussia aus Mönchengladbach hat den UEFA-Pokal gewonnen! Schlimm deshalb, weil Stefan doch Gladbach-Fan war. Wobei ich ja auch heute noch glaube, dass er nur Gladbach-Fan war, um mich damit zu ärgern. Denn eigentlich interessierte er sich nicht wirklich für Fußball.

Stefan war mehr der Technik-Freak, der einem stundenlang erzählen konnte, wie toll zum Beispiel die neue S-Klasse von Mercedes war, die dieses Jahr vorgestellt wurde. Vor zwei Wochen wollte er unbedingt so einen Sciencefiction-Film anschauen, in dem riesige Raumschiffe durch die Galaxien geflogen sind und die Besatzung hin und her gebeamt wurde. Dazu sind wir dann samstags ins Kino gegangen. Ich bin eigentlich nur mitgegangen, weil ich sonst nie die Chance bekommen hätte, auch mal in ein Kino zu gehen. Das war das erste Mal für mich – und dann Star Trek mit Captain Kirk, Scotty, Pille und so. Stefan fand es auf alle Fälle gut. Ich war mehr von der großen Leinwand und den vielen Zuschauern beeindruckt.

»Hast du heute Mittag Zeit?«, riss mich plötzlich Stefan aus meinen Gedanken.

»Wir könnten doch Schlittenfahren gehen. Kommst du nach den Hausaufgaben zu mir?«, fragte er auf mein Nicken hin.

»Hausaufgaben? Ich glaube dich hat´s? Es sind Ferien!«

»Upps! Du hast Recht! Wie wollen wir es dann machen?«

Manchmal redete der Stefan so geschwollen. Ich glaube das kam davon, dass er fast jede freie Minute damit verbrachte, ein Buch nach dem anderen zu verschlingen.

»Oh, mir fällt gerade ein, dass ich heute unseren Christbaum im Wald holen muss! Das hab ich Mama versprochen.«

»Mensch, das muss ich ja auch noch machen! Wir können doch zusammen losziehen, oder?«

Auf diese Frage hatte ich, um ehrlich zu sein, gehofft. Denn ich fand es damals im Winter nachmittags allein im Wald ziemlich unheimlich. Wenn nämlich langsam die Dämmerung einbricht, der Wind in den Bäumen rauscht und der Schnee die Geräusche dämmt, hatte ich immer das Gefühl, dass hinter jedem Baum eine finstere Gestalt auf mich lauern und sobald ich in der Nähe bin hervorspringen könnte.

»Na klar!«, antwortete ich und versuchte dabei ruhig und gelangweilt zu klingen, damit Stefan nicht merkte, dass ich echt heilfroh war, dass ich nicht alleine in den Wald musste.

»Ich hol dich ab, so um 15 Uhr. Ist das o.k.?«

»Um 3? Ja das passt!«

Jetzt hupte der Schienenbus, da er in den kleinen Tunnel kurz vor Winterdorf einfuhr. Das bedeutete, dass wir fast daheim waren. Nach dem Tunnel kam der Bahnübergang der einzigen Zugangsstraße nach Winterdorf, es ging unter der Eisenbahnbrücke durch, dann noch eine halbe Schleife und der Schienenbus hielt an unserem Bahnhof an.

Es schneite immer noch, aber nicht mehr ganz so heftig, als wir ausstiegen. Tanja und ich verabschiedeten uns kurz von Stefan, er ging links am Bahnhof vorbei und wir rechts, weil das jeweils kürzer war zu unseren Höfen.

Der Schnee war klasse, man konnte richtig gute Schneebälle machen und so versuchte ich, den Stefan zu treffen, der weiter unten die Straße entlang ging und schon fast zu Hause war. Und ich hab ihn getroffen! Als er ganz sauer herumfuhr winkte ich ihm zu und rief »Bis um 3!«, denn ich wusste genau, so weit wie ich konnte er nicht werfen.

Das Gut-Werfen-Können liegt nämlich bei uns in der Familie, sagte Mama immer. Einmal hatte ich sogar in das Fenster des VW-Busses von Stefans Vater getroffen, als der vor dem Haus die Scheibe runtergekurbelt hatte, um etwas sehen zu können, da die Vorderscheibe vereist war. Das war vielleicht ein Spaß, hinter der Hausecke hervor zu schielen und ihn dabei zu beobachten, wie er schnell ausstieg, sich den Schnee von der Hose klopfte und dabei immer wieder umher sah und es sich nicht erklären konnte, wo der Schnee plötzlich herkam!

»Hallo Mama«, riefen wir, als wir ins warme Haus stürmten.

»Hallo Kinder, zieht schnell eure Sachen aus und kommt zum Essen!«

Das ließen wir uns nicht zweimal sagen. Vor allem deshalb nicht, da es heute zum Ferienbeginn eine meiner vielen Leibspeisen gab: Sauerkraut, Kartoffelstampf, Bauch, Leber- und Griebenwurst. Und so setzte ich mich schnell zu Oma auf die Eckbank.

»Wie war es in der Schule?«, wollte Mama wissen.

»Gut!«, antwortete ich kauend.

»Was habt ihr denn heute gemacht?«

»Viel!«, antwortete ich wie fast jeden Tag auf diese Frage. Ich bin nicht so der Typ, der alles nochmal durchkauen möchte und schon gar nicht beim Essen. Wenn es etwas zu erzählen gab, fiel mir das eh meist erst im Laufe des Nachmittags wieder ein.

»Und wie war es bei dir, Maus?«, wollte Mama jetzt von Tanja wissen. Und die legte auf diese Frage auch sofort los: welchen Buchstaben sie heute gelernt haben, wer im Sport von den Jungs Quatsch gemacht hat und schließlich wer welche Strafarbeit heute bekommen hat.

Als sie gerade damit fertig war, ging die Tür auf und Papa kam herein.

»Entschuldigt die Verspätung, aber ich bin mit dem Traktor beinahe nicht mehr aus dem Wald heraus gekommen, bei dem Schnee!« Er setzte sich und begann zu essen. Er war auch eher der Stille, so wie ich.

»Wann kommt denn heute die Heidi und die Tante Isolde?«, fragte Tanja.

Tante Isolde ist die Schwester von Mama und die Heidi ihre Tochter. Der Isolde ist vor ein paar Jahren der Mann davon gelaufen, warum wissen wir bis heute nicht so genau. Der Papa sagte, es sei ein dummer Batzi gewesen und die Mama sagte, der habe die Isolde auch gar nicht verdient gehabt. Tante Isolde ist eigentlich eine ganz Nette. Sie hat nur ein kleines Problem: sie stottert ein wenig, ganz besonders, wenn sie aufgeregt ist. Das hörte sich für uns Kinder dann ganz lustig an und wenn sie merkte, dass wir darüber lachten, wurde es jedes Mal noch schlimmer.

»Mit dem Zug um halb 5.«, antwortete Mama.

Tante Isolde und Heidi kamen uns nämlich über die Feiertage besuchen, wie jedes Jahr, da sie ja sonst alleine Weihnachten feiern müssten.

»Freust du dich auf deine Cousine?«, wollte Oma wissen.

»Und wie!«, sagte Tanja mit leuchtenden Augen. Sie hatte ja auch sonst nur selten Freundinnen hier, da die alle in der Stadt wohnten.

»Das ist schön!«, freute sich die Oma und schaute ganz glücklich, »Es gibt doch nichts Schöneres, als Weihnachten mit der ganzen Familie zu feiern!«

Alle nickten und jetzt schauten wir auf einmal alle glücklich drein.

Kapitel 2: Im Wald

Kurz vor 3 Uhr richtete ich meine Sachen hin, die ich für das Christbaumholen mitnehmen wollte: eine Säge, ein Beil, ein Seil und den Schlitten. Dann bin ich nochmals ins Haus gegangen, um der Mama Bescheid zu geben, dass ich jetzt gehe. Die Mama richtete gerade die Gästezimmer.

»Ach hier bist du. Warum richtest du denn so viele Betten her?«, fragte ich erstaunt, da die Mama sowohl das Zimmer für die Tante Isolde herrichtete (Heidi schläft bei Tanja im Zimmer) als auch noch in zwei weiteren Zimmern die Betten überzog.

»Ja einmal für die Tante Isolde und dann hat sich noch der Imnauer Luis angemeldet mit einem Bergwanderer. Ob die aber bei dem Wetter kommen, weiß ich auch nicht. Warten wir es ab, gemeldet hat sich der Luis nicht mehr.«

Der Imnauer Luis war damals der beste Bergführer hier in der Gegend. Der Luis war in der Region mit jedem Busch und jedem Baum per Du. Behauptete er zumindest von sich. Der Imnauer Luis kam öfters mit seinen Touristen zu uns zum Übernachten. Er war der Schulkamerad vom Papa und die beiden verstehen sich auch heute noch gut.

»Ah, der Imnauer kommt auch!«, sagte ich.

Der Imnauer Luis erzählte immer, wenn er mit Gästen bei uns war, abends am Kaminfeuer die spannendsten Schauergeschichten. Das war dann total gruselig, weil er das so spannend und geheimnisvoll konnte, dass nachher jeder glaubte, die Geschichten seien tatsächlich passiert. Die Tanja musste dann immer vorher ins Bett, weil sie schon dreimal nicht mehr schlafen konnte, nachdem sie dem Imnauer seine Geschichten gehört hatte.

»Also ich geh dann mal unseren Christbaum holen. Tschüss!«

»Schau genau hin, dass er auch gerade gewachsen ist! Und pass auf dich auf!«, rief mir die Mama noch hinterher.

Vor dem Haus nahm ich den Schlitten und stapfte los, die Straße entlang zum Hof vom Stefan, nachdem der mal wieder nicht pünktlich sein konnte und es schon nach 15 Uhr war. Es schneite immer noch und es war durch die dicken Wolken ziemlich düster.

Als ich zum Haus vom Stefan kam, holte der gerade ganz hektisch seinen Schlitten aus dem Schuppen, da er wohl gemerkt hatte, dass er mal wieder zu spät dran war.

»Es ist schon Viertel 4!«, rieb ich ihm auch gleich zur Begrüßung unter die Nase.

»Ich weiß, aber mein Buch ist so spannend, dass ich wohl die Zeit vergessen habe.«

Natürlich! Das war ja klar!

»Hast du alles? Dann mal los!«

Wir nahmen die Abkürzung zwischen dem Teich und der Eisenbahnlinie zum Bahnübergang. Dort gingen wir unter der Eisenbahnbrücke durch und stiegen gleich danach links den Hang hinauf zum Wald.

»Was liest du denn gerade?«, fragte ich den Stefan, da mir die absolute Stille, die gerade über dem Tal hing, unheimlich war.

»Das Buch ist ziemlich neu erschienen und heißt »Die drei Fragezeichen und der Super-Papagei«!«

»Na super! Und um was geht es dabei?«

»Die drei Fragezeichen sind drei Jungs, die in Rocky Beach in den USA leben und nebenbei als Detektive arbeiten. Ist echt voll gut!«

»Und was hat es mit dem Papagei auf sich?«

»Die drei Jungs müssen nach einem entflohenen Papagei suchen …«

»Ja das ist natürlich super spannend!«

»Jetzt warte doch mal! Dabei interessieren sich komischer Weise immer mehr Leute für den Papagei. Hinter dem muss irgendein Geheimnis stecken. Und übrigens plappert der Pappagei immer lateinische Sätze.«

»Na bravo. Warum denn das?«

»Soweit bin ich noch nicht – ist aber echt hammer spannend! Was liest du denn gerade?«

»Karl May«

»Und welches seiner Bücher?«

»Winnetou 2.«

»Was, immer noch? Hast du das nicht schon in den Sommerferien begonnen?«

Ich bin halt nicht so der Leser. Ich las meist nur in den Ferien, während der Schule musste man ja schließlich schon genug für Deutsch machen. Wobei ich die Winnetou-Bücher von Karl May richtig toll fand und für meine Verhältnisse echt schnell gelesen habe. Am liebsten wäre ich nämlich selbst gerne ein Mescalero-Apache gewesen und hätte für das Gute gekämpft!

»Ich bin auch schon fast fertig«, rechtfertigte ich mich.

Dann stapften wir wieder schweigend nebeneinander durch den hohen Schnee den Hang hinauf bis zum Einstieg in den Wald.

Jetzt ging es in den Wald hinein, bis an eine Stelle, wo ich vor ein paar Wochen einige Bäume entdeckt hatte, die wohl die richtige Größe für die Stube haben dürften.

Im Wald war es jetzt noch etwas düsterer, aber immerhin fielen einem da nicht die ganze Zeit Schneeflocken in die Augen.

»Ich glaube, wir müssen uns beeilen, sonst wird es voll ganz dunkel. Komm wir fangen mit Eurem Baum an«, schlug ich vor.

»Gute Idee. Lass uns schnell einen Schönen suchen.«

Nur leider schnell ging die Suche natürlich nicht. Der Stefan guckte die Bäume von allen Seiten ganz genau an und immer wenn ich gerade die Säge ansetzen wollte, fand er wieder etwas, das für ihn gar nicht ging. Und so liefen wir von Baum zu Baum und ich versuchte dabei, unauffällig nach einem Exemplar für uns zu schauen. Aber ich glaube, ich hatte den Überblick schon lange verloren.

»Der wäre perfekt, wenn er nicht so groß wäre! Der wäre echt super, passt aber nicht in unser Wohnzimmer!« sagte Stefan bei einer fast 3 Meter hohen Fichte.

Das war meine Chance!

»Gut, dann nehme ich den für unsere Stube!«

Ich hatte mir nämlich immer schon einen großen Baum gewünscht, der auf dem Boden stehend bis an die Decke reichte und nicht wie in den vergangenen Jahren noch auf einem kleinen Tischchen stehen musste. Und ein Stück kürzen konnte man den Baum ja notfalls immer noch.

»Was? Das riesen Ding?«, fragte Stefan überrascht.

Aber ich hatte schon meine Säge angesetzt und kurz danach kippte die Fichte langsam zur Seite. Stefan half mir beim Aufladen und Festbinden auf den Schlitten. Danach ging die Suche nach seinem Baum weiter.

Mittlerweile war es schon nach 4 und es wurde langsam dämmerig.

»Du der Imnauer Luis kommt wahrscheinlich heute Abend zu uns«, fiel mir bei der langsam gruselig werdenden Stimmung im Wald ein. Der Stefan hörte nämlich auch immer gern dem Imnauer seine Geschichten an.

»Bei dem Wetter ist der unterwegs?«, fragte der Stefan, während er Baum um Baum musterte.

»Das Wetter ist dem glaube ich egal. Der würde sogar im Schlaf den Weg über das Wetterhorn zu uns herüber finden.«

»Ich weiß. Und wenn er sich verläuft, ruft er bestimmt irgendeinen Bergtroll oder eine der vielen Waldhexen herbei. Irgendjemand von diesen Gestalten wird ihm dann schon helfen!«, lachte der Stefan.

Erschrocken sah ich mich um. Hatte da nicht hinter uns etwas geknackt? Mir war jetzt nach der Erwähnung der mysteriösen Sagengestalten erst recht mulmig zu Mute.

»Wir müssen uns ein bisschen beeilen, es wird schon dunkel«, wollte ich gerade sagen, als Stefan plötzlich rief:

»Hier, Matze, komm schnell! Ich hab unseren Baum gefunden!«

Gerade als ich mich der Richtung zudrehte, aus der Stefan gerufen hatte, sah ich im Augenwinkel etwas hinter einen Baum huschen. Ah, Gott sei

Dank, es war nur ein Eichhörnchen, das jetzt neugierig zu mir vom Baum herunterschaute.

»Wo bleibst du denn?«, rief Stefan.

Doch bevor ich zu ihm stapfte, blickte ich nochmals zu dem Eichhörnchen hoch, aber das war bereits wieder verschwunden.

»Den da?«, fragte ich den Stefan und der nickte begeistert: »Ist der nicht schön? So was von gleichmäßig gewachsen und der Stamm, wie mit dem Lineal gezogen. Was glaubst du, wie schön der auf dem Gabentisch aussehen wird!«

»Also los!«, sagte ich und begann den Stamm mit der Säge zu bearbeiten.

»Huch!«, schrie da plötzlich der Stefan und ich fuhr erschrocken zu ihm herum. Da raste das Eichhörnchen an uns vorbei zum nächsten Baum, von wo aus es uns beide beobachtete.

»Hast du mich erschreckt! Los komm, beeilen wir uns, es wird schon dunkel!«

Ich sägte weiter bis der Baum fiel. Dann luden wir ihn auf Stefans Schlitten und stapften unseren Spuren folgend zurück durch den Wald.

Alles war still und die Dunkelheit legte sich langsam über den Wald und die Berge.

Kapitel 3: Der große Knall

Schwer hing der Schlitten an meinen Armen. Hätte ich doch vielleicht lieber einen kleineren Baum nehmen sollen? Ach was, endlich mal ein richtig großer Christbaum, bei dem auch das Christkind was darunter packen konnte. Ich hatte mir schließlich dieses Jahr lauter große Sachen gewünscht, frei nach dem Motto »lieber nur ein Geschenk, dafür ein gescheites, als viele kleine«: das nagelneue Piratenschiff von Playmo und eine Modelleisenbahn-Startpackung mit Lok und Wagen. Ich hoffte sehr, dass diese Strategie aufging und ich nicht stattdessen irgendetwas bekomme würde, was ich mir gar nicht gewünscht hatte.

Als wir den Waldrand fast erreicht hatten, hörten wir das Hupen des »Halb-Fünf-Zuges« der wohl gerade in den Tunnel einfuhr.

»Au, Mann! Schon so spät!«, sagte Stefan.

Aber seine Worte erstickten in einem tosenden Pfeifen, Knacken und Lärmen, das plötzlich und ohne Vorwarnung losbrach. So etwas hatte ich mein ganzes Leben noch nie gehört. Es hörte sich an, als ob der Berg zusammenbrechen wollte und die Welt unterginge!

»Lawine! Lawine!«, schrien Stefan und ich aus Leibeskräften und trotzdem konnte ich uns kaum hören.

Wir warfen uns auf den Boden und kauerten uns zu einem engen Paket zusammen, den Kopf zwischen den Knien eingeklemmt (so hatten wir das letzte Saison mal in der Schule besprochen).

Das Brüllen und Tosen wurde immer lauter und ein Sturm strich über uns hinweg. Ich rechnete damit, jeden Augenblick vom Schnee davongerissen, herumgewirbelt und zugedeckt zu werden. Ich betete in meiner Angst zum lieben Gott und zur Jungfrau Maria, dass sie mir doch beistehen sollten. Und ich sah vor mir die Marienstatue, die über dem Eingang der Winterdorfer Kapelle stand und die ich schon als kleiner Bub immer so bewundert hatte.

Und plötzlich war alles wieder still!

Ich hob langsam meinen Kopf und machte vorsichtig die Augen auf. Alles, was ich in der Dämmerung erkennen konnte, sah noch so aus wie vorher! Neben mir kauerte der Stefan und traute sich nicht mal, den Kopf zu heben. Ich stieß ihn an.

»He, komm, alles o.k., ich glaube, wir hatten Glück!«, sagte ich beim Aufstehen. Meine Beine zitterten wie Espenlaub. Der Stefan war kreideweiß, das sah man sogar bei den jetzt herrschenden Lichtverhältnissen.

»Komm schnell nach Hause!«, sagte ich, worauf Stefan seine Sprache wieder fand:

»Oh mein Gott! Hoffentlich ist die Lawine nicht im Dorf heruntergekommen!«

»Los! Beeilung!«, schrie ich, schnappte das Seil meines Schlittens und raste los, ohne zu schauen, ob Stefan auch kam. Am Waldrand vollends angekommen setzte ich mich auf den Christbaum auf dem Schlitten und jagte ohne Rücksicht auf Verluste den Hang hinunter. Unten an der Straße angekommen lief ich nach rechts zum Bahnübergang unter der Eisenbahnbrücke und blieb dort erst einmal stehen.

Gott sei Dank! Alles sah noch aus wie am Nachmittag, als wir Winterdorf verlassen hatten.

»Da stimmt doch etwas nicht!«, schnaufte Stefan, der jetzt neben mir stand. Und da fiel es mir auch auf!

»Alles dunkel!«, riefen wir wie aus einem Munde!

Wir wollten gerade weiter über den Bahnübergang laufen, als wir von drei grellen Lichtern geblendet wurden. Wir machten einen Satz zurück und einen Moment später fuhr der Schienenbus an uns vorüber, hupte und verschwand im Tunnel. Das war knapp! Der Zugführer hatte wohl lieber am Bahnhof den Führerstand gewechselt um die gleiche Strecke vom Bahnhof zurück zu fahren, dann musste er nämlich im Tunnel nicht aussteigen, um die Weiche umzustellen, wie er es hätte tun müssen, wenn er die Schleife komplett gefahren wäre.

Kurz danach war alles wieder dunkel und still.

»Stefan!« »Matthias!« »Stefan!« »Matthias!«, hörten wir plötzlich Rufe aus dem Dorf.

Wir rannten ohne ein weiteres Wort los die Straße hinauf und stießen nach wenigen Metern fast mit unseren Vätern zusammen, die die Straße heruntergelaufen kamen.

»Gott sei Dank! Da seid ihr ja!«, rief Papa und nahm mich in den Arm. Nach einem Moment der Stille brach es dann los:

»Wo wart ihr so lange?«, »Was ist denn passiert?«, »Ist alles in Ordnung?«, »Wo ist die Lawine runter?«, fragten wir alle durcheinander.

Da Stefan immer noch etwas sprachlos war, erzählte ich kurz, wie es uns ergangen war.

»Gott sei Dank!«, sagte Vater dabei mehrmals sichtlich bewegt.

Als ich mit meiner Schilderung fertig war, fragte ich Vater, ob er weiß, wo denn die Lawine heruntergekommen sei.

»Das wissen wir noch nicht. Jedenfalls nicht im Dorf.«

»Dem Herrgott sei Dank!«, meldete sich Stefans Vater zu Wort. Die beiden standen immer noch eng umschlungen zusammen. Ich glaubte zu sehen, dass dem Stefan die Tränen über die Wangen liefen. Der war echt fertig mit der Welt!

»Ich denke, die Lawine muss weiter vorne im Tal abgegangen sein und dabei die Überlandleitung beschädigt haben. Es gibt im ganzen Dorf keinen Strom mehr.«, erzählte Vater.

In diesem Moment hörten wir erneut das Hupen des Zuges von weiter unten im Tal.

»Was ist denn jetzt? Das war doch vorhin schon der Halb-Fünf-Zug, oder?«, fragte ich erstaunt. Wir sahen uns ratlos an.

Und da kam auch schon der Schienenbus langsam aus dem Tunnel gefahren Richtung Bahnhof.

»Wahrscheinlich sind auch die Gleise verschüttet und er kommt nicht durch!«, meinte Vater.

»Schnell kommt mit, wir fragen den Lokführer!«, rief ich und rannte die Straße hinauf, an unserem Haus vorbei und zum Bahnhof.

Keuchend kam ich gerade auf dem Bahnsteig an, als der Lokführer die Türen öffnete und ausstieg.

»Was ist los?«, fragte ich schnaufend.

Der Lokführer sah mich ganz verdattert an und holte tief Luft.

»Eine Lawine!«, sagte er und deutete mit großer Geste Richtung Tal.

Inzwischen waren auch die drei anderen herbeigekommen.

»Ich konnte gerade noch bremsen! Die Schienen waren plötzlich zu Ende und der Schienenbus kam keinen halben Meter vor der weißen Wand zum Stehen!«

Er musste sich an der Zugtüre festhalten, um nicht umzukippen. Auch ihm war sämtliche Farbe aus dem Gesicht gewichen, wie ich jetzt im Licht der Innenbeleuchtung des Triebwagens erkennen konnte.

»Was machen wir denn jetzt? Was machen wir denn jetzt bloß?«, fragte der Zugführer um Fassung ringend.

In diesem Moment kam der Bahnhofsvorsteher Ignazius Mühlenbrandt mit seiner Rosetta aus dem Bahnhof gesprungen.

»Um Himmelswillen, Heinrich, was ist denn passiert?«

Heinrich hieß wohl der Lokführer. Die Rosetta stammelte ohne Unterbrechung irgendetwas Unverständliches vor sich hin, wahrscheinlich war es Rumänisch (die Rosetta stammte nämlich aus der Walachei). Dazwischen konnte man immer nur »Oh Gott, oh Gott, oh Gott« erahnen.

Der Lokführer Heinrich war gerade dabei, die Schilderung seiner Notbremsung zu wiederholen, als aus dem Zug jemand rief:

»Kann ich vielleicht mal erfahren, was hier eigentlich los ist?«

Zwei Passagiere standen an der Tür des Schienenbusses, die ich bisher noch gar nicht bemerkt hatte. Alle waren plötzlich still und betrachteten die beiden.

Es war ein junges Pärchen, die auf den ersten Blick etwas schmuddelig und herabgekommen aussahen. Beide hatten Jeanshosen und ausrangierte Bundeswehrparkas über ihren dicken, selbstgestrickten, bunten Rollkragenpullovern an. Auch hatten beide Strickmützen auf dem Kopf, wobei bei ihr lange dunkle Haare darunter hervorhingen, während die Mütze von ihm für seinen Kopf zu groß erschien und ein wenig wie eine Art Turban nach oben stand.

»Spreche ich vielleicht Chinesisch?«, fragte der Mann, da er auf seine erste Frage immer noch keine Antwort bekommen hatte.

Da rückte sich der Ignazius in Position und sagte in wichtigem Beamtendeutsch:

»Mit Verlaub, Herrschaften, im Tal ist wohl eine Lawine niedergegangen, die die Ausfahrt zum Tal versperrt sowie die Stromzuführung nach Winterdorf unterbrochen hat. Genaueres kann ich Ihnen nicht sagen, da sich der Vorfall erst vor wenigen Minuten ereignet hat.«

»O.k.! Und was jetzt?«, fragte der Fremde gelangweilt.

»Äh, keine Ahnung!«, musste sich Ignazius eingestehen.

»Ja, was machen wir denn jetzt?«, fragte auch Stefans Vater.

Betretenes Schweigen herrschte auf dem Bahnsteig.

»Ich schlage vor, wir treffen uns alle in einer halben Stunde in der Bahnhofshalle und überlegen zusammen, was wir tun können. Da ist es warm und wir haben genügend Platz. Einverstanden?«, schlug mein Vater vor und alle stimmten zu.

Also gingen wir erst mal nach Hause. Mein Vater legte auf dem kurzen Weg seinen Arm auf meine Schulter und drückte mich an sich.

»Ich bin so froh, dass dir nichts passiert ist, Bub!«

Als wir heimkamen saß die ganze Familie in der warmen Stube bei Kerzenlicht und machte sich große Sorgen. Denn kaum dass Tante Isolde und Heidi den Zug verlassen hatten und sich auf den Weg zu unserem Hof machten, hatten Sie ebenfalls das Getöse gehört und fast im gleichen Augenblick gingen alle Lichter aus. Mein Vater war wohl daraufhin aus dem Haus gestürmt, um uns zu suchen. Doch weder er noch ich waren seither aufgetaucht.

Entsprechend groß war jetzt die Erleichterung. Die Mama weinte, Tanja viel dem Papa um den Hals und die Oma betete still auf der Ofenbank.

Nachdem der Papa und ich dann ausführlich erzählt hatten, was passiert war, zogen sich alle an und wir gingen zurück zum Bahnhof.

Kapitel 4: Was nun?

Als unser kleiner Prozessionszug (wir waren ja mit der Oma, Tante Isolde, Heidi und uns vieren immerhin 7 Personen) zum Bahnhof kam, hatte die Rosetta und der Ignazius schon alles vorbereitet: Sie hatten einen doppelten Stuhlkreis aufgestellt und jede Menge Kerzen im Raum verteilt. Wenn die Lage nicht so ernst gewesen wäre, hätte alles sehr besinnlich und weihnachtlich gewirkt.

Der Lokführer und das junge Paar aus dem Zug saßen bereits, der Ignazius und die Rosetta liefen noch ganz nervös auf und ab.

Als wir gerade Platz genommen hatten, kam der Stefan mit seinen Eltern und dem Opa, der es sich ebenfalls nicht nehmen ließ, an dieser spontanen Bürgerversammlung teilzunehmen.

Als alle auf den Stühlen Platz genommen hatten, ergriff mein Vater das Wort:

»Schön, dass ihr alle gekommen seid! So wie es aussieht, sind wir durch die Lawine heute Nachmittag komplett von der Außenwelt abgeschnitten worden. Die Eisenbahnschienen sind komplett blockiert, die Telefone funktionieren nicht mehr und die Stromleitungen sind wohl auch gekappt!«

»Oh mein Gott!«, schrie da plötzlich die Rosetta und sprang von ihrem Platz auf.

Alle fuhren zusammen vor Schreck.

»Mein scheenes Eis!«, Ihr war wohl erst jetzt eingefallen, dass ja auch die Eistruhe in Ihrem Kiosk ohne Strom nicht mehr funktionieren konnte.

Alle sahen wir die Rosetta an.

»Mechten de Kinder vielleicht ein Eis haben?«

Klar, Eis geht immer. Also nickte ich. Die anderen Kinder wohl auch und Rosetta ging zu ihrem Kiosk und kam kurz darauf mit einem Eis für jeden zurück.

»So, wenn jetzt alle wieder da sind …«, fing mein Vater gerade an, als er von Stefans Opa unterbrochen wurde:

»Also damals in Russland, also im Winter anno 1944, da gab es jede Menge ganz, ganz ähnliche Situationen. Damals gab es immer nur folgende drei Fragen, die die Offiziere täglich bei allen Einheiten abgefragt haben:

1. Gibt es genügend Brennmaterial?
2. Gibt es genügend Getränke?
3. Hat jeder ausreichend zu Essen? Und
4. Wer übernimmt welche Wache?«

»Das sind aber 4 Fragen!«, dachte ich laut und alle mussten Grinsen.

»Werd´ bloß nicht frech, Bürschchen! Du hast ja keine Ahnung wie es damals war: -40°C, keine feste Behausung, die Laster sprangen nur an, wenn man unter ihnen ein Feuer angezündet hat, weil der Diesel sulzig wurde …«

»Laß gut sein, Vater!«, unterbrach ihn Stefans Papa.

»Vielen Dank für deinen Beitrag, Paul!« sagte mein Vater. »Ich denke, das hilft uns (außer Punkt vier vielleicht) auch jetzt in unserer derzeitigen Situation ganz gut. Der letzte Wetterbericht, den ich im Radio gehört habe, sagte für heute Nacht und auch für morgen den ganzen Tag weitere starke Schneefälle voraus. Die Temperaturen bleiben bei unter Null. Ich denke wir warten erst mal bis morgen, dann können wir uns bei Tageslicht einen Überblick verschaffen, wie sehr das Tal verschüttet wurde.«

Zustimmendes Raunen und Kopfnicken.

»Ich glaube, dass wir auf Hilfe von außen erst mal nicht hoffen können, da niemand weiß, dass wir hier eingeschlossen sind.«, fuhr mein Vater fort.

Ich war richtig stolz auf ihn, wie er so dastand und alle ihm zuhörten.

»Doch!« warf da der Lokführer Heinrich ein, »Mein Zug müsste eigentlich bereits vermisst werden, da ich um diese Uhrzeit normalerweise bereits die Endstation erreicht haben sollte.«

Erleichtertes Gemurmel.

»O.k., und was wird in so einem Fall ausgelöst? Ich meine, was passiert, wenn der Bahnhofsvorsteher von Burgdorf feststellt, dass ein Zug nicht kommt?«, hakte mein Vater nach.

»Keine Ahnung! Ich kenne keinen ähnlichen Fall. Ich denke, er wird, vorausgesetzt er bemerkt das Fehlen überhaupt, die Fahrdienstleitung in München informieren.«

»Warum sagst du »Wenn er das Fehlen überhaupt bemerkt«? Zweifelst du daran?«

»Der Bahnhofsvorsteher von Burgdorf ist leider dafür bekannt, dass er am Ende eines Tages meistens nicht mehr ganz nüchtern ist – um es vorsichtig auszudrücken! Und das Abstellgleis befindet sich hinter einem alten Schuppen und ist nicht direkt einsehbar.«

»Hm.«, brummte mein Vater »Und wann kommt der nächstc Zug planmäßig hier hoch?«

»Da heute Freitag und somit ein Werktag ist, war der Halb-Fünf-Zug der letzte für heute. Und da morgen Wochenende ist, kommt der Nächste erst um 9.30 Uhr morgen früh.« Den Fahrplan kannte ich nämlich immer in allen Details auswendig.

»Hm.«, brummte mein Vater wieder. »Dann wird unsere Misere wahrscheinlich erst morgen um ca. 10:00 Uhr bekannt sein. Nämlich dann, wenn der erste Zug wieder umdrehen musste und zurück am Bahnhof im Tal ist. Und auch nur, sofern er die Lawine rechtzeitig erkennt und nicht hineinrast.«

»Letzteres glaube ich nicht«, meinte darauf der Lokführer Heinrich, »Um diese Zeit ist es schon hell, die Strecke im Tal ist sehr weit einsehbar und wir dürfen da auch nur sehr langsam fahren.«

»Gut. Wird vielleicht sonst jemand von den Zuginsassen irgendwann vermisst werden?«

»Ich nicht. Ich bin Single.«, antwortete Heinrich gleich.

Das Pärchen aus dem Zug schüttelte synchron den Kopf. Dabei fiel mir auf, dass er immer noch seine Mütze auf dem Kopf hatte.

»Dann würde ich jetzt die Fragen von Großvater Paul mit Euch kurz abklären: Wie steht es bei Euch um das Brennmaterial, Ignazius?«

Mein Vater ging mit allen drei Familien die Fragen von Opa Paul durch (die letzte ließ er natürlich weg). Alle hatten genügend vorgesorgt und es stand nicht zu erwarten, dass jemand aus dem Dorf in den nächsten Tagen ein Problem mit Brennholz, Getränken oder Essen bekommen würde.

Danach fragte mein Vater, wo denn der Lokführer Heinrich essen und schlafen werde.

»Ich glaube, ich schlafe in meinem Zug«, meinte der Lokführer und blickte auf den Boden vor ihm.

»Das kommt überhaupt nicht in Frage! Sie können gerne bei uns schlafen und mit uns essen!«, widersprach ihm Stefans Mutter sogleich.

Dankbar nickte der Heinrich ihr zu.

»Und wie sieht es bei Ihnen aus?«, fragte mein Vater das junge Paar aus dem Zug.

Der junge Mann zuckte die Schultern: »Keine Ahnung!«

»Sie können entweder bei uns oder beim Maximilian und der Christel wohnen.«, schlug mein Vater ihnen vor.

»Ihr kennt auch bei uns schlafen!«, fügte die Rosetta noch an.

Die beiden sahen sich kurz an. »Wir müssen uns das noch überlegen.«, meinte der Fremde dann.

»Alles klar! Dann schlage ich vor, dass der Maximilian, der Ignazius, der Heinrich und ich uns morgen früh kurz nach 9.00 Uhr treffen, damit wir uns die Unglückstellc zusammen anschauen und prüfen, ob es eventuell ein Durchkommen gibt. Vielleicht können wir dann auch Kontakt mit dem Zugführer des 9.30-Uhr-Zuges aufnehmen. Jetzt wünsche ich uns allen eine gute Nacht!«

»Gute Nacht!« »Bis Morgen!«, murmelten alle durcheinander und die Bahnhofshalle leerte sich schnell.

Ich wollte gerade zusammen mit Stefan als Letzter zur Türe hinaus.

»Stopp Ihr zweei!«, rief uns da plötzlich die Rosetta hinterher.

Erschrocken blieben wir stehen. Wir haben uns doch schon ganz lange keinen Scherz mehr mit ihr erlaubt, schoss es mir durch den Kopf. Das letzte Mal war in der Nacht auf den ersten Mai. Da haben der Stefan und ich die Wäsche von der Rosetta von der Leine abgehängt und den Tannenbaum neben dem Bahnhof damit geschmückt. Man lässt schließlich nicht die Wäsche in der Walpurgisnacht draußen hängen. Selbst mein Vater meinte, dass die Rosetta eine gewisse Mitschuld habe, als Mama mir eine Woche Stubenarrest aufbrummen wollte.

»Mechtet ihr vielleicht noch ein Eis?«

»Klar, Eis geht schließlich immer!«, sagte ich erleichtert und der Stefan stimmte zu.

Bis die Rosetta mit dem Eis kam, halfen wir noch dem Ignazius, der begann die Bahnhofshalle aufzuräumen. Ja, wir konnten schließlich auch nett sein.

»Hier eures Eis! Setzt euch doch, hier ist es wenigstens warm.«

Wir setzten uns auf die noch verbliebenen Stühle, die Rosetta nahm sich einen Stuhl und setzte sich uns gegenüber.

»Oh je, oh je!«, fing sie an, »Dass so was gerade jetzt passieren muss! Ausgerechnet in den Rauhnächten, wenn alles Megliche aus der Welt der Toten iebers Land zieht, haben wir kein Strom und kein Licht!«

Mir fiel fast vor Schreck das Eis aus der Hand und ein Schauer lief mir kalt über den Rücken.

»Stimmt!«, sagte Stefan, »Jetzt kurz vor Weihnachten beginnen ja die sogenannten Rauhnächte. Früher glaubten die Menschen, dass zwischen der Thomasnacht am 21.12. und dem Erscheinungsfest am 6. Januar die Seelen der Verstorbenen ihr Unwesen treiben, dass Tiere sprechen können, Dämonen aus der Unterwelt auf Jagd gehen und Menschen sich in Werwölfe verwandeln. Aber das ist doch nur Mythologie.«

»Nur Mithologie, sagst du? Da wo ich frieher gewohnt hab, also in der Walachei, ist gleich daneben Transilvanien!«

»Da kommt doch Graf Dracula her!«, warf Stefan ein.

»Genau, junger Mann! Da sind um diese Jahreszeit die Toten wieder aufgestanden und haben die lebbende Verwandtschaft besucht! Als Kind hat mein Vater um Weihnachten herum mein Bett mit Knoblauch geschmickt. Das hat mich sollen schitzen vor den Untoten!«

Das Eis tropfte auf meine zitternde Hand. Ich hatte vor lauter Anspannung vergessen abzuschlecken.

»Rosetta, kannst du mir mal helfen?«, rief der Ignazius hinter einem Stapel Stühle hervor.

»Ich komm gleich!«, sagte die Rosetta laut und fügte leise und verschwörerisch für uns hinzu: «Also passt auf eich auf, wenn ihr jetzt allein in der Dunkelheit nach Hause geht!«

Kapitel 5: Eine unruhige Nacht

Wir traten hinaus in die kalte Nacht. Mir war nach dem Gespräch mit der Rosetta ganz schlecht.

»Gehst du morgen früh mit zur Lawine?«, wollte Stefan wissen.

»Na klar!«

»Also dann bis morgen früh!«

Stefan ging wie immer links am Bahnhof vorbei und ich rechts.

Jetzt war ich ganz alleine in der Dunkelheit unterwegs. Es schneite leicht und während ich versuchte, so leise wie möglich zu gehen, lauschte ich gespannt hinaus in die Dunkelheit.

Alles war still, nur das leise Knirschen des Schnees von meinen Schritten war zu hören.

Plötzlich raschelte es laut vor mir im Gebüsch! Entsetzt blieb ich wie angewurzelt stehen. Ein lautes Klackern ertönte. Waren das die Knochen der Toten die da klapperten? Ich wusste nicht was ich machen sollte:

Davon rennen? Die Wesen, von denen ich vorhin gehört hatte, waren bestimmt schneller als ich im Schnee! Um Hilfe rufen? Die Hilfe käme auf alle Fälle zu spät, um mich zu retten! Nach einem Stock oder einer anderen Waffe suchen? Es war alles vom Schnee zugedeckt!

Da raschelte es schon wieder und der ganze Busch schien sich zu bewegen! Und jetzt kam etwas Großes, Dunkles mit riesigen Flügeln direkt auf mich zu! Zwei große gelbe, nein orangene Augen starrten mich an!

Ich fiel vor Schreck und Angst rückwärts in den Schnee und sah gerade noch, wie das Wesen über mich hinwegflog und in der Dunkelheit verschwand.

Der kalte Schnee, in dem ich jetzt lag, führte dazu, dass ich schnell wieder zu klaren Gedanken kam: Es war wohl ein Uhu, den ich im Gebüsch aufgeschreckt hatte, der zur Abschreckung mit seinem Schnabel geknappt hatte und dann einen Scheinangriff gegen mich flog, wie es Eulen oft zu ihrer Verteidigung machen. Davon hatten wir es erst kürzlich in der Schule.

Puh! Und ich dachte schon, ein Vampir oder sonst ein Wesen aus der jenseitigen Welt sei gekommen, um mich zu holen!

Schnell lief ich den restlichen Weg nach Hause und stürmte ins Haus.

Wohlige Wärme umgab mich sofort und das sanfte Licht von mehreren Kerzen empfing mich in der Diele.

»Wo warst du denn noch?«, rief Mama mir aus der Küche zu.

»Wir haben noch dem Ignazius geholfen!«

»Das ist aber nett von Euch! Komm schnell, wir vespern gleich!«

In der Stube saßen bereits alle um den großen Tisch und warteten. Die vielen Kerzen tauchten den Raum in ein feierliches Licht und flackerten fröhlich vor sich hin. Ich schaute dankbar in die Ecke, wo der Heiland am Kreuz hing und zu uns herübersah.

»Vielen Dank, dass es nur ein Uhu war!«, dachte ich leise. Und durch das Flackern der Kerze sah es aus, als ob der Herr Jesus mir zuzwinkern würde.

Nach dem Essen spielte ich noch mit der Tanja, der Heidi und der Oma »Elfer raus« bis die Oma meinte, bei dem Kerzenlicht könne sie die Farben nicht mehr richtig unterscheiden. Ich glaube aber, es lag eher daran, dass immer einer von uns Kindern gewann und die Oma Runde für Runde verlor.

Todmüde sank ich kurze Zeit später in mein Bett. War das ein Tag! Aber ich konnte gar nicht mehr darüber nachdenken, was heute alles passiert war, denn ich schlief auf der Stelle ein.

Keine Ahnung, wie lange ich schon geschlafen hatte, als ich von einem Stampfen und Trampeln und kurze Zeit später von einem lauten Klopfen an der Haustür geweckt wurde.

Ich schreckte senkrecht hoch und lauschte auf die Geräusche, die von unten hochdrangen. Was war denn das?

»Hallo! Ist noch jemand wach? Hallo!«, klang es dumpf von draußen.

Jetzt hörte ich, wie jemand die Haustüre aufschloss und öffnete. Ich lief zu meiner Zimmertüre, öffnete diese leise und schlich mich an das Treppengeländer vor.

»Wo kommt ihr denn um diese Zeit her?«, hörte ich meinen Vater fragen.

»Hör mir bloß auf! Wir wollten über die Wetterspitze kommen, aber da war alles dicht. Schneeverwehungen, so etwas habe ich noch nicht erlebt! Wir hatten keine andere Wahl und mussten die nördliche Route um den Fichtensee herum nehmen, wo aber natürlich ebenfalls sehr viel Schnee lag und wir nur sehr mühsam durchgekommen sind. Und dann kommen wir hier an und alles ist dunkel! Ihr hättet ja wenigstens ein Licht anlassen können!«

Jetzt viel es mir wieder ein: der Imnauer Luis wollte ja kommen! Daran hatte ich gar nicht mehr gedacht.

»Das erklär ich dir später.«, sagte mein Vater »Jetzt kommt ihr erst mal herein und taut ein wenig auf!«

»Guten Abend! Schneider, Johannes Schneider ist mein Name«, stellte sich eine fremde Stimme meinem Vater vor. »Ich bin sehr froh, dass wir es endlich hierher geschafft haben und bei ihnen übernachten können!«

»Das ist der Berthold, mein alter Schulkamerad, Jo.«

»Kommt, wir gehen in die Stube und ich schau mal, ob wir noch was zum Essen für Euch haben«, schlug mein Vater vor. Er, der Imnauer und der Fremde namens Johannes Schneider gingen in die Stube und es war wieder dunkel im Treppenhaus.

Ich drehte mich um und erschrak zu Tode! Die Heidi stand in einem hellen Schlafanzug an ihrer Zimmertüre direkt mir gegenüber! Sie war wohl auch von dem Lärm und den Stimmen wachgeworden und ich hatte sie nicht kommen hören.

»Was machst du denn hier?«, zischte ich sie an.

»Ich bin aufgewacht und wollte schauen, was hier los ist.«

»Hast du mich vielleicht erschreckt! Jetzt schlaf schnell weiter, das ist nur der Bergführer mit einem Gast, die wegen dem Schnee so spät angekommen sind.«

»Gute Nacht, Matze!«

Ich ging in mein Zimmer und schaute auf die Uhr. Es war kurz vor 23 Uhr. Unruhig wälzte ich mich in meinem Bett hin und her und konnte einfach nicht mehr einschlafen.

Ich hörte, wie mein Vater und die beiden Gäste später auf ihre Zimmer gingen und konnte immer noch nicht schlafen.

Als ich mich mal wieder von der einen auf die andere Seite drehte, um zu versuchen, auf diese

Weise einzuschlafen, bemerkte ich, dass es draußen vor meinem Fenster hell war. Hatte ich doch schon geschlafen und es war bereits Morgen? Nein, Tageslicht sieht anders aus. Es war ein gelblicher Schein und außerdem scheint um diese Jahreszeit morgens keine Sonne in mein Zimmer herein.

Ich stand auf und ging an mein Fenster. Es schneite stark und der Schnee wurde von irgendetwas erleuchtet, was ich aber nicht erkennen konnte. Die Quelle musste irgendwo hinter den Bahngleisen sein und strahlte nach oben, wo es von den herabfallenden Schneeflocken reflektiert wurde und die ganze Umgebung erleuchtete.

Was war denn das nun schon wieder? Ich sah auf die Uhr. Es war kurz nach Mitternacht!

»Geisterstunde!«, schoss es mir durch den Kopf.

Ich lief zur Türe und lauschte auf den Gang hinaus. Nichts! Die anderen hatten das Licht wohl nicht bemerkt. Klar, die Zimmer liegen ja auch auf den anderen Seiten des Hauses. Vielleicht ist es da gar nicht so hell, dass man davon aufwachen könnte.

Ich kramte an meinem Schreibtisch in der Schublade nach meiner wiederaufladbaren Taschenlampe. Die hatte ich dort versteckt, weil die Tanja immer magisch von ihr angezogen wurde und sie so lange mit ihr spielte, bis die Akkus leer waren. Dann musste man sie einen Tag lang einstecken, damit sie wieder ein paar Minuten leuchten konnte.

»Hoffentlich ist sie aufgeladen.«, dachte ich als ich den Schalter vorschob. Und sie leuchtete tatsächlich.

Ich schlich die Treppe hinunter und holte Vaters Fernglas. Vielleicht konnte man damit etwas erkennen.

Leider nicht, stellte ich fest, als ich damit zurück in meinem Zimmer aus dem Fenster blickte. Man sah nur große tanzende Schneeflocken, aber nicht, wo das Licht herkam.

Ich schaute noch eine Weile dem Schneetreiben zu und dachte, so ähnlich muss es auch bei den Hirten auf dem Feld gewesen sein, als es mitten in der Nacht plötzlich hell um sie herum wurde. Damals war es das Leuchten des Engels, der die Geburt Jesu verkündigte.

Als es mir ein wenig kalt wurde, nahm ich meine Taschenlampe und brachte das Fernglas wieder an seinen Platz zurück. Vater hatte es nicht gerne, wenn wir es ohne seine »Aufsicht« benutzten.

Auf dem Rückweg nach oben war meine Taschenlampe nach einem kurzen Flackern dann doch leer.

»Das war ja klar! Heute geht auch alles schief!«

Ich tastete mich vollends die Treppe hoch und zurück in mein Zimmer. Dabei hätte ich fast noch das Bild von Urgroßvater Gottlob abgehängt, aber ich hatte es gerade noch bemerkt, konnte das schwankende Bild an die Wand drücken und nach ein wenig Herumprobieren hing es wieder richtig an seinem Nagel.

Jetzt war es kurz vor 1 Uhr. Und das Licht draußen wurde tatsächlich schwächer! Und ziemlich genau um 1 Uhr war es draußen wieder dunkel wie zuvor.

»Das gibt es doch nicht! Hat das tatsächlich mit den Rauhnächten zu tun? Das ist doch alles höchst mysteriös!«, dachte ich noch und schlief dann erschöpft ein.

Kapitel 6: Kein Durchkommen

Obwohl ich so wenig geschlafen hatte, erwachte ich am Samstagmorgen bereits bei den ersten Geräuschen, die mein Vater beim Schneeschippen verursachte. Ich blieb noch kurz liegen, um mir die Ereignisse des gestrigen Tages durch den Kopf gehen zu lassen. Und ich kam zu dem Schluss, dass ich heute irgendwie versuchen musste, unauffällig die Umgebung abzusuchen. Vielleicht konnte ich so die Ursache für das nächtliche Leuchten finden. Ich musste mir irgendetwas einfallen lassen.

Beim Aufstehen sah ich, dass ich heute Nacht die Taschenlampe zum Aufladen in die Steckdose gesteckt hatte. Tolle Idee, wo es doch keinen Strom gab!

Ich ging zum Fenster, um zu schauen, wie viel es geschneit hatte. Wow! Das war ja Wahnsinn! Das war bestimmt mehr als ein halber Meter Neuschnee. Und es schneite immer noch, wenn auch nur noch leicht. Ich beobachtete die tanzenden Flocken vor meinem Fenster noch eine Weile, bis ich bei dem Gedanken, dass ich ja nachher mit den anderen zur Lawine wollte, ganz aufgeregt wurde.

Schnell zog ich mich an und ging hinunter, um der Mutter zu helfen, damit wir schneller frühstücken konnten.

Als ich gerade an der Stube vorbeilaufen wollte, rief mich die Oma:

»Matthias, komm mal her zu mir!«

»Guten Morgen, Oma!«

»Ich wollte dir nur kurz sagen, dass du heute zur Kapelle gehen musst, um dich bei der Jungfrau Maria zu bedanken, dass dir gestern bei der Lawine nichts passiert ist!«

»Gute Idee, Oma. Ich glaube, das mach ich heute Mittag nach der Lawinenbesichtigung!«

Auf diese Weise könnte ich ja gleich ein wenig die Umgebung in Augenschein nehmen, ohne dass es jemand bemerken würde.

Beim Frühstück (es waren bis auf den Herrn Schneider schon alle wach) berichtete Vater, dass er im Autoradio die Nachrichten angehört hatte. Leider hatten sie nichts über unsere Lawine berichtet, so dass wir davon ausgehen mussten, dass die Welt immer noch nicht wusste, dass wir hier oben abgeschlossen von der Außenwelt festsaßen.

Nach dem Frühstück machten Vater und ich uns schnell fertig, um zur Lawine zu gehen. Der Imnauer wollte auch mit. Und so gingen wir kurz nach 9 Uhr los. Unterwegs trafen wir dann auf den Stefan und seinen Vater und kurze Zeit später auf den Ignazius zusammen mit dem Lokführer Heinrich.

Als wir am Ort des Unglückes ankamen, tat sich uns ein Bild des Grauens und der Verwüstung auf: Der Hang links von uns sah, soweit man blicken konnte, aus wie abrasiert. Kein Baum und kein Busch standen mehr da, wo gestern noch ein dichter Wald stand. Vor uns türmte sich eine weiße Wand auf, die bestimmt mehr als drei Meter über die Straße und die Eisenbahngleise aufragte.

»Heiliger Christtag! So etwas hab ich in meinem ganzen Leben noch nicht gesehen!«, entfuhr es dem Imnauer.

Die anderen blickten stumm den Hang hinauf.

»Ich glaube, wir hatten gestern richtig Glück!«, meinte der Stefan in die Stille, »Wenn wir gestern nur noch ein paar Meter weiter im Wald gewesen wären, lägen wir jetzt wohl hier unter diesen Schneemassen, oder?«

Ich nickte stumm. Mein Nutella-Brot vom Frühstück schien sich in meinem Magen aufzurichten.

»Da gibt es kein Hindurchkommen!« bemerkte Stefans Vater.

»Ohne schweres Gerät bestimmt nicht.«, stimmte Papa zu, »Bagger und Lastwagen sind dazu notwendig.«

»Da kann man auch nicht drübersteigen. Das wäre viel zu gefährlich. Und die Hänge rechts und links sind viel zu steil, um außen herum zu gehen.«, fügte der Imnauer seine Analyse der Lage hinzu.

»Seid mal leise, ich hör etwas!«, zischte ich, da ich in der Ferne einen Dieselmotor hören konnte. Ein Blick auf die Uhr bestätigte mir, dass es der Schienenbus sein musste.

Wir hörten, wie die Bremsen quietschten und der Lokführer in den Leerlauf schaltete.

»Hallo!«, »Hilfe!«, »Hier sind wir!«, riefen wir alle aus Leibeskräften über die Schneemassen.

Dann aber hörten wir, wie der Zugführer wieder Gas gab und das Motorengeräusch langsam leiser wurde.

Enttäuscht sahen wir uns an.

»So ein Depp! So ein Grasdackel!«, schimpfte da der Heinrich mit hochrotem Kopf los, »Nicht mal ausgestiegen ist der Feigling! Wenn ich den erwische, aus dem mache ich Kleinholz!«

»Beruhige dich wieder!«, meinte mein Vater, »Er hätte ja doch nichts ausrichten können. Immerhin kommt so die Nachricht von der Lawine schneller ins Tal!«

Frustriert gingen wir zurück zum Dorf. Keiner sagte ein Wort. Ich denke, dass wir alle zu enttäuscht waren und keiner wusste, wie es weitergehen sollte.

Stefan und ich liefen ebenso schweigend hinter den Erwachsenen her. Und es schneite mal wieder.

»Meinst du, ich kann heute Abend bei dir übernachten?«, fragte mich der Stefan kurz hinter dem Bahnübergang, »Ich würde nämlich so gerne hören, was der Imnauer heute Abend für eine Geschichte erzählt.«

Eigentlich hatte ich von gestern noch genug von gruseligen Geschichten. Allerdings konnte ich dann vielleicht dem Stefan das Licht zeigen, falls es heute Nacht wieder leuchten sollte. Und wir konnten zusammen versuchen, herauszufinden, was das war.

»Von mir aus gerne. Aber ich muss erst noch die Mama fragen, ob das geht.«

»Ja klar, ich muss auch noch meine Eltern fragen.«

Unsere Eltern hatten natürlich nichts dagegen und so verabredete ich mit Stefan, dass er nach dem Abendessen mit seinen Schlafsachen kommen solle.

Zu Hause setzte ich mich dann mit Vater in unseren VW Käfer um die Nachrichten anzuhören. Diese waren schon fast vorüber, als der Sprecher des Bayrischen Rundfunks meinte:

»Wir unterbrechen unsere Nachrichten für eine wichtige Eilmeldung: Gestern Abend ist im Tal zwischen Burgdorf und Winterdorf eine gewaltige Lawine niedergegangen. Ob es dabei zu Personenschaden gekommen ist, kann derzeit noch nicht gesagt werden. Das Örtchen Winterdorf ist komplett von der Außenwelt abgeschnitten und es besteht derzeit kein Kontakt zu den Bewohnern. Wir halten Sie auf dem Laufenden, sobald wir etwas Neues berichten können.«

»So, jetzt wissen die da unten wenigstens mal Bescheid!«, meinte Vater daraufhin.

»Was glaubst du, wird jetzt unternommen?«, wollte ich wissen. Doch Vater meinte: »Pst! Das Wetter!«

»… im Laufe des Tages weiter Schneefall. Temperaturen zwischen -4 und -2°C. Die weiteren Aussichten: Schneefall und Temperaturen unter dem Gefrierpunkt auch in den kommenden Tagen.«

Ich sah meinen Vater an. Er machte einen sehr bedrückten Eindruck.

»Wenn das tatsächlich so weiter geht mit dem Schnee, kann kein Hubschrauber oder sonst jemand kommen, um uns zu versorgen. Ich denke, wir müssen warten, bis schweres Gerät herbeigeschafft ist und mit den Aufräumarbeiten begonnen werden kann. Aber das wird bei dem Schnee auch nicht gerade einfach, Bagger hier hoch zu schaffen. Und bis die dann durch die Schneemassen durchkommen, das wird dauern!«

Im Radio lief jetzt passend zur Wettervorhersage »White Christmas«. Vater wollte gerade das Radio abstellen, als der Sprecher das Lied unterbrach:

»Wir haben jetzt nähere Informationen zur Lawine zwischen Burgdorf und Winterdorf: Die Polizei berichtet, dass ein Lokführer der deutschen Bundesbahn sie alarmiert habe, da er eine große Lawine auf der Strecke nach Winterdorf entdeckt habe und auf Grund dessen umdrehen musste. Die Polizei und die Bergwacht sind bereits auf dem Weg zur Unglückstelle. Ein Einsatz eines Helicopters kommt derzeit auf Grund der Wetterlage nicht Betracht. Weiter ist immer noch nicht bekannt, ob durch die Lawine Personen zu Schaden gekommen sind. Auf alle Fälle wird ein Schienenbus des Typs BR 798 der deutschen Bundesbahn vermisst, der gestern Abend auf dieser Strecke unterwegs war.«

Kapitel 7: Die nächste Überraschung

Nach dem Mittagessen zog ich meinen warmen Anorak, die Winterstiefel, Mütze und Handschuhe an.

»Wo gehst du denn hin?«, wollte Mama wissen.

»Ich geh in die Kapelle, der Maria »Danke« sagen, wegen gestern.«

»Das ist aber schön!«, sagte Mama daraufhin gerührt.

»Bis später!«, und schon bin ich weg.

Ich ging um unser Haus herum und schaute mir unterhalb von meinem Fenster genau die Richtung an, in der das Licht gestern zu sehen war. Von hier aus konnte man nicht viel erkennen, da der Bahndamm ziemlich genau auf meiner Augenhöhe war und ich nicht wirklich sehen konnte, was sich dahinter befand. Leider konnte ich auch nicht einfach zum Bahndamm hochgehen, da der Schnee sehr hoch war und jeder so meine Spur hätte sehen können. Bestimmt hätte dann Tanja diese beim Spielen im Schnee entdeckt oder gar mein Vater und ich hätte erklären müssen, was ich denn auf dem Bahndamm gemacht habe.

Also ging ich zurück zur Straße. Diese hatte der Vater vom Stefan mit seinem Traktor schon früh heute Morgen mit seinem Schneepflug vor dem Traktor geräumt.

Auf der Straße ging ich rechts Richtung Bahnübergang und bog dann wieder rechts auf den Fußweg zur Kapelle ab. Hier war der Schnee nicht ganz so hoch, da hier der Wind den Schnee ein wenig weggeblasen haben musste.

An der Stelle, an der der Fußweg die Bahngleise kreuzte, blieb ich stehen und schaute mich um. Ich versuchte in der Richtung, in der ich die Quelle des Lichtes vermutete, etwas erkennen zu können. Aber ich sah nur den Heustadel und die Tannen daneben. Drumherum war alles weiß und unberührt.

Während ich noch in Richtung des Heustadels spähte, hörte ich auf einmal, dass der Heinrich den Motor des Schienenbusses anwarf.

»Was soll das denn?«, fragte ich mich laut und lief schnell auf die andere Seite der Gleise. Jetzt sah ich, dass sich der Schienenbus in meine Richtung langsam in Bewegung setzte. Er hatte schwer mit dem Schnee zu kämpfen, doch die kleinen Schneeschieber vor seinen Rädern schoben den doch recht pulverigen Schnee elegant zur Seite.

Direkt vor meiner erstaunten Nase hielt der Heinrich an und machte die Tür auf.

»Willst du eine Runde mit ums Dorf fahren, Junge?«, fragte er mich.

Ohne weiter zu überlegen stieg ich ein und stellte mich direkt zu Heinrich in den Führerstand.

»Ich versuche, die Gleise freizufahren, damit ich, wenn die Lawine beseitigt ist, auch zurückfahren kann. Viel mehr Schnee darf jetzt nämlich nicht mehr kommen, sonst sitzt der Schienenbus erst richtig fest.«, erklärte er mir beim Losfahren.

Der Heinrich löste an seinem Steuerpult die Bremsen und drehte den Steuerhebel ganz langsam hoch. Der Schienenbus fuhr ganz sanft an und so fuhren wir zunächst über die Brücke, dann auf dem zweiten Gleis am Bahnhof vorbei und in den Tunnel.

»Wow, ich hätte nicht gedacht, dass er das so leicht schafft!«, freute sich der Heinrich, »So, jetzt muss ich die Weiche umstellen, das wollte ich mir gestern sparen und bin deshalb zurück in die andere Richtung gefahren.«

»Das haben wir gemerkt! Wir wären fast überfahren worden, weil wir am Bahnübergang nicht mit einem Zug gerechnet hatten!«

»Ach, ihr ward das!«, sagte der Heinrich nur, stieg aus und legte im Scheinwerferlicht des Schienenbusses den schweren Hebel der Weiche um.

»Wir fahren mal bis zur Lawine, vielleicht tut sich da ja schon was.«

»Glauben Sie, dass die Bergwacht schon da ist?«, fragte ich hoffnungsvoll.

»Vielleicht. Schauen wir mal.«

Kurz vor der Lawine hielt der Heinrich den Schienenbus an und stellte den Motor ab. Wir stiegen aus und lauschten hinaus in die Stille.

Aber so still war es da gar nicht! Wir hörten eine Stimme durch ein Megaphon brüllen:

»Achtung! Achtung! Hier spricht die Polizei! Bitte melden Sie sich! Bitte geben Sie uns ein Lebenszeichen! Achtung! Achtung! Hier spricht die Polizei! Bitte …«

Heinrich sprang wieder in den Schienenbus und betätigte die Hupe: Dreimal kurz, dreimal lang, dreimal kurz.

»SOS heißt das!«, sagte er wichtig zu mir.

Ich nickte: »Morsealphabet!«

Da hörten wir das Megaphon wieder: »Hier spricht die Polizei! Vielen Dank! Wir haben Sie gehört! Wir freuen uns sehr über dieses Lebenszeichen! Leider wird Ihre Rettung noch etwas dauern! Bagger und Lastwagen sind auf dem Weg! Der Hubschrauber der Bergwacht kann bei diesem Wetter leider nicht hier hoch fliegen! Halten Sie durch! Wir tun alles uns Mögliche, Ihnen schnellstmöglich zu helfen! Haben Sie uns verstanden?«

Der Heinrich und ich sahen uns an. Was sollten wir jetzt antworten?

»Weißt du, wie »Ja« in Morsezeichen geht?«, fragte er mich.

»Puh! Keine Ahnung!«

»Haben Sie uns verstanden?«, wiederholte das Megaphon.

»Dann hupe ich halt einfach ein bisschen!«, meinte der Heinrich, stieg ein und drückte wie wild auf der Hupe herum, als hätte er seit Jahren darauf gewartet, dass er endlich mal nach Lust und Laune seine Hupe betätigen darf.

»Vielen Dank!«, ertönte die Polizeistimme als der Heinrich endlich aufgehört hatte, »Halten Sie durch! Ende und over!«

Der Heinrich drückte glücklich noch zweimal seine Hupe und wir fuhren langsam wieder zurück durch den Tunnel, ums Dorf herum und hielten am Bahnhof.

»Gibst du deinem Vater Bescheid?« fragte der Heinrich beim Aussteigen.

»Klar, mach ich! Und vielen Dank fürs Mitnehmen!« verabschiedete ich mich von Heinrich.

So stapfte ich wieder los. Ich musste ja noch zur Kapelle. Dieses Mal ging ich aber auf den Schienen entlang, denn da war der Schnee ja jetzt nicht mehr ganz so hoch.

Auf Höhe von unserem Hof hielt ich an und spähte wieder Richtung Heustadel. Nichts zu erkennen. Nur eine weiße Schneedecke rund um die Hütte, die ebenfalls dick mit Schnee bedeckt war. Die Tanne daneben war ebenfalls wunderschön eingepudert. Alles sah so friedlich aus, weihnachtlich eben.

Dann ging ich weiter bis zur Kreuzung der Schienen mit dem Fußweg und bog dann rechts ab Richtung Kapelle. Ich stieg die kleine Steigung hinauf, was recht mühsam war, da ich hier ein paar Schneeverwehungen überwinden musste.

Am kleinen Platz vor der Kapelle hielt ich an um zu verschnaufen und um nochmal von dieser höheren Position zu schauen, ob ich etwas als Quelle des Lichtscheines von heute Nacht erkennen könnte.

Nichts! Doch, da hat sich etwas bewegt! Ah ein Eichhörnchen, das vom Stadl über den Schnee zum Baum daneben lief.

Ich drehte mich und ging zum Eingang der Kapelle, den Blick zu Boden gerichtet, da der Schnee hier wieder höher war. Am Eingang der Kapelle angekommen, richtete ich meinen Blick nach oben, um mich im Angesicht der Jungfrau Maria zu bekreuzigen. Aber was war das?

Ich erstarrte regelrecht: Der Fries und die Vertiefung in der Wand, wo sonst die wunderschön geschnitzte Abbildung der Heiligen Mutter stand und auf die Besucher der Kapelle herabblickte, waren leer! Großer Gott! Die Jungfrau Maria ist verschwunden! Das gibt es doch nicht!

Ich machte auf dem Absatz kehrt und raste zurück zu unserem Hof. Dort angekommen riss ich die Türe zur Stube auf und schrie: »Die Jungfrau ist weg! Die Jungfrau ist verschwunden!«

Stille im Raum und alle starren mich an.

»Was meinst du denn, Bub?«, fragte der Imnauer Luis mit einem Lächeln auf den Lippen.

»Ja was schreist du denn da so herum?«, fragte die Oma.

Völlig außer Atem begann ich zu erzählen, was ich bei meinem Gang zur Kapelle gesehen hatte, oder besser gesagt, was ich eben nicht gesehen hatte.

Der Imnauer und die Mama waren plötzlich ganz bleich und die Oma schnappte nach Luft. Nur der Herr Schneider saß da und schaute mich an, als ob er gar nichts verstanden habe. Sonst war niemand im Raum.

»Heimatland! Was hat denn das zu bedeuten?«, unterbrach der Imnauer die erneut entstandene Stille.

»Nichts Gutes! Bestimmt nichts Gutes!«, die Oma war völlig außer sich.

»Wenn das mal nicht mit den Rauhnächten zusammenhängt!«, sagte der Imnauer leise vor sich hin.

Mir lief ein kalter Schauer von oben bis unten über den Rücken.

»Wie meinst du denn das?«, fragte ich schnell.

»Es wäre ja nicht das erste Mal, dass sich die Dämonen um diese Jahreszeit mit den Heiligen anlegen!«, entsetzt sah ich den Imnauer an, »Kennst du die vielen Geschichten denn nicht?«

Ich schüttelte den Kopf.

»Ich gehe jetzt erst mal zusammen mit dir zur Kapelle. Die Geschichten kann ich ja heute Abend erzählen. Am warmen Ofen und mit einem guten Schluck lässt es sich besser erzählen.«

Also gingen der Imnauer und ich zur Kapelle und betrachteten gemeinsam den leeren Platz über dem Eingang, wo sonst die Heilige Mutter Gottes sanft und wohlwollend zu uns herabblickte.

»Keine Spuren! Außer meinen eigenen von vorhin«, bemerkte ich.

»Ja, weder von jemandem, der die Maria gestohlen haben könnte, geschweige denn von der Jungfrau selber!«

Kapitel 8: Alles nur Geschichten?

Nach dem Abendessen kam dann der Stefan zu uns. Wir spielten mal wieder eine Runde »Elfer-Raus« bei Kerzenschein. Und als es dann Zeit war, dass die Mädels ins Bett sollten, meinte Mama:

»Matthias, bevor die Mädchen ins Bett gehen, könnten wir doch noch ein paar Lieder singen. Schließlich ist morgen der 4. Advent!«

Ich wusste was das heißt: Gitarre holen, das Weihnachtsliederbuch mit den traditionellen Weihnachtsliedern von vorne bis hinten durchspielen und die anderen singen dazu. Wenn wir alles gesungen hatten, fragte die Oma dann jedes Mal:

»Kannst du nicht noch »Vom Himmel hoch, da komm ich her« spielen?«

»Nein, davon habe ich leider keine Noten«, antwortete ich dann immer.

»Das ist aber schade! Das gefällt mir so!«, seufzte die Oma dann meistens. Und ich nahm mir jedes Mal vor, dass ich nächstes Weihnachten unbedingt die Noten davon besorgen wollte. Aber auch dieses Jahr hatte ich es wieder vergessen.

Ich ging also in mein Zimmer und holte meine Gitarre zusammen mit dem Weihnachtsnotenbüchlein.

Dann sangen alle zu meinen Gitarrentönen: die Tanja, die Heidi, Tante Isolde, Papa, Mama, die Oma, Stefan und schließlich auch der Imnauer Luis. Nur der Herr Schneider saß still auf der Bank und hörte nervös zu.

»Ich kann leider den Text gar nicht«, sagte er dann nach jedem Lied. Als wir ungefähr mit dem dritten Lied fertig waren, meinte die Oma darauf hin: »Ja was singen denn Sie an Weihnachten daheim?«

»Also, seit ich mich von meiner Frau getrennt habe, höre ich immer nur Radio am Heiligen Abend.«, antwortete Herr Schneider.

»So, geschieden sind Sie! Haben Sie auch Kinder?«, wollte die Oma dann wissen.

»Ja zwei. Ein Junge und ein Mädchen. Aber ich habe keinen Kontakt mehr zu ihnen.«

»Ja gibt´s denn so was?«, hakte die Oma entrüstet nach.

»Leider ja. Ich habe wohl immer zu viel gearbeitet. Und als ich eines Abends im Advent spät nach Hause kam, war meine Frau mit den Kindern ausgezogen. Seitdem arbeite ich noch mehr und diese Schneewanderung hier ist mein einziger Urlaub dieses Jahr. Ich wollte Montag nochmal kurz ins Büro gehen. Aber jetzt stecken wir hier fest!«

»Das ist leider höhere Gewalt!«, meinte Papa darauf hin.

»Kommt wir singen weiter!«, meinte Mama schnell, bevor die Oma noch mehr von Herrn Schneider wissen wollte.

Nach dem letzten Lied (»O du fröhliche« wie immer) verabschiedeten sich die Mädchen und gingen ins Bett.

»Wann wollt ihr denn gehen?« fragte danach die Mama uns.

»Wir wollen doch noch ein paar Geschichten vom Luis hören.«, antwortete ich.

»Oha, dann brauch ich aber jetzt erst mal was Gescheites zum Trinken!«, meinte der Imnauer daraufhin zu meinem Vater.

Als Papa mit dem Krug Most aus dem Keller zurück war, fragte der Imnauer dann: »Was wollt ihr Buben denn heute hören? Ach ja, was Passendes zu den Rauhnächten, oder?«

Der Stefan und ich nickten stumm.

»Also, dann passt mal auf! Die Geschichte, die ich jetzt erzähle geschah vor vielen 100 Jahren. Und zwar zu der Zeit, als unsere heilige Mutter Kirche vor Angst, ihre Macht und ihren Einfluss an dunkle Mächte zu verlieren, alles, was sie sich nicht erklären konnte verbot und die verdächtigen Menschen als Hexen oder Hexer zum Tode verurteilte.«

»Du meinst also die Zeit der Inquisition?«, warf der Stefan ein, »Das war in der Zeit von Anfang des 13. Jahrhunderts bis ins 18. Jahrhundert.«

»Stimmt, du schlaues Bürschchen! Um genau zu sein ereignete sich die Geschichte der Überlieferung nach im Jahre 1648 …«

»Boah, das war doch genau das Jahr, in dem der 30jährige Krieg durch den Westfälischen Frieden beendet wurde.«, unterbrach Stefan erneut den Imnauer.

»Wollt ihr jetzt Geschichtsunterricht machen oder weiter die Sage von der Hexe Astrafania hören?«, fragte der Imnauer nicht gerade begeistert über die erneute Unterbrechung von Stefan.

»Die Sage natürlich!«, antwortete ich schnell.

»Also gut. Wie gesagt, es war im Dezember des Jahres 1648, als sich folgendes unten in Tölz ereignete:

Neben der Kirche »Mariä Himmelfahrt« wohnte im Haus einer der wohlhabendsten und einflussreichsten Kaufleute von Tölz eine junge südländische Magd. Diese machte der kranken Ehefrau des Kaufmanns den Haushalt.

Sie hieß Astrafania und war sehr fleißig und somit der Frau des Kaufmanns eine große Hilfe. Die Frau des Kaufmanns konnte nämlich nicht mehr richtig gehen, weshalb sie sich auch nicht mehr so um ihren Haushalt kümmern konnte, wie es sich gehörte.

Astrafania kannte sich auch mit Heilkräutern sehr gut aus und verabreichte ihrer Herrin entsprechend Salben und Tees, die ihre Gebrechen minderten.

Außerdem war Astrafania sehr, sehr hübsch. Sie hatte langes, schwarzes Haar, das so dick war, dass sie es in viele Zöpfe flechten musste, um es zu bändigen.

Und wie es halt bei hübschen Frauen so ist, hatte sich einer der beiden Kaufmannssöhne in sie verliebt und wollte sie auch gerne heiraten.

Dies ging zu damaliger Zeit aber nicht, da ein Kaufmann standesgemäß heiraten musste und Astrafania als Hausmädchen weit unter dem Stand eines angesehenen Kaufmanns stand.

Außer dem Sohn des Kaufmannes hatte Astrafania aber noch andere Verehrer in Tölz. Darunter leider auch den Herrn Pfarrer, der nur wenige Häuser entfernt im Pfarrhaus wohnte.

Damals wie heute war es den Priestern aber verboten, sich in eine Frau zu verlieben oder gar eine Frau zu heiraten. Dies konnte den damaligen Pfaffen aber nicht davon abhalten, immer wieder zu versuchen, sich der schönen Astrafania zu nähern.

Astrafania wollte natürlich nichts von ihm wissen, da sie sich ebenfalls in den Kaufmannssohn verliebt hatte. Und sowieso kam sie auch gar nicht auf den Gedanken, etwas mit einem Pfarrer anzufangen. Astrafania war nämlich sehr gläubig, sie besuchte jeden Gottesdienst und ging natürlich auch regelmäßig zur Beichte.

Genau dies sollte ihr aber zum Verhängnis werden. Denn als die Astrafania eines Tages wieder einmal zum Beichten in die Kirche kam, fasste sich der Pfarrer ein Herz und bat ohne Umschweife Astrafania, bei den Kaufmannsleuten zu kündigen und bei ihm als Pfarrmagd zu arbeiten.

Astrafania lehnte dies dankend ab, da ihr zum einen die alte Kaufmannsfrau sehr ans Herz gewachsen war und zum anderen wollte sie natürlich im Haus des Kaufmannssohnes weiter wohnen bleiben, den sie ja liebte.

Offen und ehrlich wie sie war, vertraute sie dies so auch dem Herrn Pfarrer an, was diesen erst traurig und dann sehr wütend machte.

Bei ihrer nächsten Begegnung erneuerte der Pfarrer das Angebot und drängte Astrafania erneut, bei ihm zukünftig zu arbeiten. Als Astrafania dieses wieder ablehnte, wurde der Pfarrer sehr, sehr böse und er drohte ihr mit den Worten:

»Du willst immer noch nicht zu mir ziehen? Dann wirst du bald sehen, was du davon hast! Ich weiß zufällig von deiner Herrin, dass du ihr selbstgebraute Medizin verabreichst! Das reicht für einen Prozess, du alte Hexe!«

Erschrocken und zutiefst erschüttert eilte Astrafania nach Hause. Dort traute sie sich aber vor lauter Angst nicht, jemandem etwas von ihrer Unterredung mit dem Pfarrer und dessen Drohung zu erzählen. Auch dem geliebten Kaufmannsohn vertraute sie sich nicht an.

Am nächsten Morgen bereits kam die Stadtwache in das Haus des Kaufmanns und verhaftetet Astrafania. Nur wenige Tage später wurde ihr der Hexenprozess gemacht.

Trotzt der Beschwörung ihrer Unschuld bei allem was der Astrafania heilig war und trotz des Einflusses des Kaufmanns und seiner Familie wurde Astrafania vom Inquisitionsgericht zu Tölz als Hexe zum Tode verurteilt. Ihre Verbrennung auf dem Scheiterhaufen wurde auf den 22.12.1648 festgelegt.

Bis zu ihrer Hinrichtung wurde Astrafania in den Kerker des Tölzer Schlosses geworfen, das damals noch auf dem heutigen Schlossplatz stand.

Der Kaufmannsohn, zu tiefst entrüstet über ihre Verurteilung und überzeugt von ihrer Unschuld, plante darauf hin für die Nacht vom 21.12. auf den 22.12. einen Versuch, seine Angebetete aus dem Kerker zu befreien. Anschließend wollte er dann gemeinsam mit ihr nach Württemberg fliehen, wo ein ebenfalls sehr wohlhabender Onkel des Kaufmannsohnes wohnte.

Dazu muss man wissen, dass es in damaliger Zeit üblich war, dass im Advent jeden Abend ein Vespergottesdienst stattfand. Und es war für alle angesehenen Bürger eine Selbstverständlichkeit, diesen Gottesdiensten beizuwohnen.

So ging denn auch die Kaufmannsfamilie am Abend des 21.12. nach Einbruch der Dunkelheit in besagten Vespergottesdienst. Der Kaufmannssohn war natürlich mit dabei, um keinen Verdacht im Vorfeld der geplanten Flucht zu erregen. Heimlich hatte er aber alle Vorkehrungen getroffen, um zusammen mit Astrafania nach deren Befreiung sofort fliehen zu können: Die Pferde standen gesattelt im Stall bereit, bepackt mit Proviant, Geld, Waffen und einem Empfehlungsschreiben seines Vaters an seinen Onkel.

Auf dem Weg zur Kirche sah er den bereits auf dem Marktplatz errichteten Scheiterhaufen. Ein kalter Schauer überlief seinen Rücken. Im Vorbeigehen bekräftigte er nochmal für sich das Vorhaben, seine geliebte Astrafania an diesem Abend zu befreien.

Nachdem der Vespergottesdienst dann begonnen hatte, täuschte der Kaufmannsohn vor, dass es ihm schlecht wäre und er an die frische Luft müsse. So verließ er dann, ohne dass jemand Verdacht schöpfte, die Kirche. Vom Ausgang der Kirche ging er direkt hinüber zum Eingangstor des Schlosses, streckte kurzerhand die einzige Wache die sich ihm in den Weg stellte nieder, nahm dieser die Schlüssel ab und lief die Wendeltreppe am

Ende des Schlosshofes hinab zum Verließ der Astrafania.

Er steckte den Schlüssel ins Schloss der schweren Kerkertüre, drehte ihn zweimal um und öffnete die Türe mit lautem Quietschen und Knarren. In dem Moment aber, als die Türe gerade einen Spalt weit offen stand und er in den Kerker blicken wollte, flog ihm eine große, schwarze Fledermaus gegen das Gesicht. Er erschrak so dermaßen, dass er nach hinten taumelte und zu Boden stürzte.

Als er sich gleich darauf wieder aufgerappelt hatte, die Fackel in seiner Hand erneut angezündet hatte und den Kerker betrat, musste er feststellen, dass das Verließ leer und verlassen war.

Augenblicklich drehte er sich um und stürmte zurück, die Treppe nach oben und zum Ausgang des Schlosses.

Als er auf den Marktplatz trat, war dieser bereits hell erleuchtet!

Der Scheiterhaufen, auf dem eigentlich die Astrafania am nächsten Morgen hingerichtet werden sollte, brannte lichterloh! Und auf dem Scheiterhaufen konnte er eine Gestalt erkennen, die dort aufrecht in Mitten der Flammen stand.

Große Panik überfiel ihn. »War die Verbrennung auf heute Abend vorgezogen worden?«, ging es ihm durch den Kopf. Blind vor Angst und Sorge rannte er los.

Dabei wäre er auf dem Weg zum Scheiterhaufen beinahe noch auf eine Katze getreten, die ihm entgegenkam und ihn daraufhin wütend anfauchte.

Als der Kaufmannssohn beim Scheiterhaufen ankam, stellte er erleichtert fest, dass es sich bei der Gestalt im Scheiterhaufen um die geschnitzte Figur des heiligen Johannes handelte, die zu Beginn des Gottesdienstes noch neben dem Eingang der Kirche gestanden hatte. Diese musste jemand gewaltsam vom Kirchenportal entfernt und auf den Scheiterhaufen geworfen haben.

Von der Astrafania jedoch fehlte jegliche Spur und sie wurde seit dem Abend des 21.12.1648 nie wieder gesehen.

Zumindest nicht in der Gestalt eines Menschen.

Es geschah nämlich in den darauffolgenden Jahren regelmäßig, dass insbesondere in den Rauhnächten Scheiterhaufen in den Nächten vor den bevorstehenden Hinrichtungen brannten. Und auf den Scheiterhaufen wurden immer irgendwelche zuvor gestohlenen Heiligenfiguren und Heiligenbilder mitverbrannt.

In der Nähe der brennenden Scheiterhaufen wurden angeblich immer irgendwelche Tiere gesehen, die beim Erscheinen von Menschen unmittelbar die Flucht ergriffen.

Die Leute damals schrieben dies als Racheakte der Hexe Astrafania zu. Diese konnte sich angeblich in die Gestalt der unterschiedlichsten Tiere verwandeln und verbrannte dann die Heiligen auf den Scheiterhaufen der Umgebung, um sich für das ihr zugefügte große Unrecht zu rächen.«

»Rauhnächte - Feuer in der Nacht – eine Hexe, die sich in verschiedene Tiere verwandelt – gestohlene Heiligenfiguren?«, schoss es mir durch den Kopf. Mein Hals war trocken und ich konnte nicht mehr schlucken. War etwa die Astrafania jetzt bei uns in Winterdorf zugange?

Kapitel 9: Was soll das bedeuten?

Betretenes Schweigen herrschte in unserer vom Kerzenschein gespenstisch erleuchteten Stube.

»Boah, coole Story!«, platzte dann der Stefan heraus »Und das ist wirklich alles so passiert?«

»So wurde die Geschichte über Jahrhunderte von Generation zu Generation weitergegeben. Ich kenne die Geschichte von meinem Großvater und der hat sie wiederum von seiner Mutter gehört.«

»Aber gibt es dazu auch geschichtlich belegte Beweise?«, ließ der Stefan nicht locker. Eigentlich wollte ich die Antwort darauf gar nicht wissen!

»Natürlich!«, antwortete aber der Imnauer schon. »Unser ehemaliger Schulkamerad ist der Stadtarchivar von Tölz…«

»Ah, du meinst den Grubers Alois! Der ist inzwischen übrigens schon Professor!«, unterbrach ihn mein Vater.

»Ja, dann hat es wenigstens einer von unserem Jahrgang zu etwas gebracht«, meinte der Imnauer darauf und er und mein Vater lachten.

»Ja und was hat euer Professor über die Astrafania herausgefunden?«, bohrte der Stefan weiter.

»Ich habe ihm vor einiger Zeit die Geschichte erzählt, woraufhin er entsprechend zu recherchieren begann. Und er fand heraus, dass tatsächlich eine junge Frau, die zum Tode durch Verbrennen verurteilt war, im Dezember 1648 aus dem Kerker in Tölz entflohen war und nicht wieder aufgefunden werden konnte.«

»Hammer!«, sagte der Stefan voll begeistert.

»Ja, Hammer«, sagte ich unheilahnend leise vor mich hin.

Wieder herrschte kurz Stille im Raum.

Plötzlich erfüllte ein Grunzer die Stube und der Herr Schneider sank vornüber und schlug mit dem Kopf auf dem Tisch auf. Die Bergluft und der Most hatten ihm wohl zugesetzt und so schlief er jetzt mit dem Kopf auf dem Tisch und schnarchte genüsslich.

»Nichts gewohnt, die Stadtleute!«, meinte der Imnauer und schenkte sich den Rest aus dem Mostkrug ein.

Nach einem großen Schluck und einem erneuten Riesenschnarcher von Herrn Schneider, gab der Imnauer ihm einen Stoß mit dem Ellbogen in die Rippen. Der Herr Schneider fuhr daraufhin senkrecht nach oben und riss die Augen auf.

»Auf geht´s Jo! Gehen wir!«, sagte der Imnauer und der Herr Schneider stand auf, verabschiedete sich höflich und ging zu Bett.

»So, jetzt kannst du den Krug nochmal füllen!«, wies der Imnauer meinen Vater an. »So jung kommen wir nicht mehr zusammen!«

»Und Ihr zwei geht jetzt mal flott ins Bett! Es ist höchste Eisenbahn!«, sagte darauf meine Mutter zu uns Buben.

Ohne Diskussion verabschiedeten wir uns und gingen nach oben. Es war schließlich schon nach 23 Uhr.

Der Stefan und ich richteten uns und gingen ins Bett. Keiner sagte groß etwas, bis wir in den Betten lagen.

»Und, glaubst du das mit der Astrafania?«, fragte mich dann der Stefan.

»Soll ich dir dazu mal was erzählen?«

»Klar! Was meinst du denn?«

Und ich begann dem Stefan alles zu erzählen, was mir in den vergangenen Stunden und Tagen Mysteriöses passiert war. Angefangen von dem Eichhörnchen im Wald beim Christbaumsuchen kurz vor der Lawine (Stefan konnte sich auch noch daran erinnern), das mich so angestarrt hatte, über den Uhu, der mich angegriffen hatte auf dem Heimweg von der Versammlung und die fehlende Mutter Gottes vom Eingang der Kapelle bis hin zu der hell erleuchteten Nacht.

»Und was sagst du jetzt?«, fragte ich den Stefan anschließend.

»Hammer! Und du meinst, das hat mit der Astrafania zu tun?«

»Überleg doch mal, die ganze Zeit begegnen mir irgendwelche Tiere, die Marienfigur von der Kapelle verschwindet und nachts ist es plötzlich taghell wie von …«

»… einem brennenden Scheiterhaufen!«, ergänzte mich Stefan. »Das Blöde ist nur, dass es heutzutage keine Scheiterhaufen mehr gibt!«

»Ja schon, aber was kann es denn sonst gewesen sein?«

Wir schwiegen uns an und jeder überlegte krampfhaft, wo der helle Schein hergekommen sein mag.

Und plötzlich wurde es wieder hell in meinem Zimmer! Ich sah auf meinen Wecker: es war Mitternacht!

Stefan und ich stürzten gleichzeitig ans Fenster und sahen hinaus:

Der Heustadel stand in Flammen! Die ganze Umgebung war hell beleuchtet und flackerte im Licht des lodernden Feuers.

Aber nein, es sah nur so aus als ob der Stadel brannte. Das Feuer musste direkt hinter der kleinen Hütte sein, denn der Stadel stand unversehrt da und brannte nicht ab.

»Komm schnell anziehen! Das müssen wir uns anschauen!«, sagte ich zu Stefan und zog bereits meine Jeans über meinen Schlafanzug.

Stefan stand aber immer noch wie angewurzelt am Fenster und rührte sich nicht.

»Aber was ist, wenn das tatsächlich …?«, stotterte Stefan.

»Genau das gilt es jetzt herauszufinden!«, sagte ich und zog meine dicken gestrickten Socken an. »Los komm, du hast selbst gesagt, es gibt keine Hexen!«

Widerwillig zog Stefan sich an und wir schlichen die Treppe nach unten. Wir schlüpften in unsere Jacken und Stiefel, warfen uns die Schals um den Hals, setzten die Strickmützen auf und gingen leise nach draußen.

»Los, rechts herum um das Haus, die andere Seite ist vom Feuer erleuchtet!«, sagte ich zum Stefan und zog ihn hinter mir her. An der Hausecke blieben wir stehen und spähten um die Ecke zum Heustadel hin. Dieser stand immer noch unversehrt da und dahinter flackerten hohe Flammen. Sonst war nichts zu sehen.

»Komm, wir rennen zu dem kleinen Hügel zwischen den Gleisen, anschließend schleichen wir im Schatten des Heustadels an die Hütte ran.«, flüsterte ich Stefan zu.

»Aber was ist wenn …?«, wollte der Stefan noch wissen, aber ich lief in gebückter Haltung schon los, über das Bahngleis zum Hügel und warf mich dort in den Schnee.

Dort angekommen wartete ich in dem kleinen Schatten, den der Hügel warf, auf Stefan, der dann los lief, als er sah, dass ich angekommen war.

So lagen wir nebeneinander und schauten hinüber zum Heustadel. Es war immer noch nichts

Neues zu erkennen. Allerdings konnten wir jetzt das Prasseln und Knacken des Feuers sehr deutlich hören. Ansonsten war alles ruhig und still.

»Wir machen es wieder so wie gerade: Ich gehe im Schatten zur Rückwand der Hütte. Sobald ich dort bin, kommst du nach, o.k.?«

Stefan nickte stumm.

Ich schlich daraufhin los, in gebückter Haltung über die nächsten Gleise und zum Heustadel hin, immer im Schatten, den dieser über den Schnee legte. Als ich an dessen Wand stand, gab ich dem Stefan ein Zeichen, nachzukommen.

»Wir gehen am Besten wieder hier links herum. Und wenn irgendetwas sein sollte, rennen wir hoch zur Kapelle, ja? Die Türe dort kann man von innen verriegeln – notfalls.«

Dieses Mal brachte Stefan sogar ein zittriges »O.k.« über die Lippen.

Also pirschte ich wieder los, der Stefan folgte direkt hinter mir. Ich versuchte so wenig Geräusche wie möglich zu machen, aber bei jedem Schritt hörte man den Schnee unter meinen Füßen knirschen. Zum Glück war das Prasseln des Feuers jetzt so laut, dass es unsere Schritte übertönte. Wir schlichen uns an der Tür des Stadels vorbei zur Ecke Richtung Feuer vor. Die Anspannung in mir stieg mit jedem Schritt. Meine Brust schien vor Aufregung kurz vor dem Zerbersten zu sein, als wir endlich an der Ecke angekommen waren.

Dort ging ich ein wenig in die Hocke, damit der Stefan gleichzeitig mit mir um die Ecke schauen konnte. Wir schoben unsere Köpfe vorsichtig nach vorne – und sahen erst mal gar nichts. Das Licht des Feuers war so grell, dass unsere Augen geblendet waren und richtig schmerzten.

Nach einer gefühlten Ewigkeit hatten sich meine Augen dann endlich an die neuen Lichtverhältnisse gewöhnt. Und da sahen wir sie:

Astrafania, wie sie leibte und lebte!

Vor dem brennenden Scheiterhaufen tanzte mit seltsamen, schlangenartigen Bewegungen eine große, schlanke Gestalt, das Gesicht immer dem Feuer zugewandt. Lange zottelige Zöpfe hingen von Ihrem Kopf, die bei den Bewegungen des Tanzes entsprechend hin- und her flogen wie die Arme eines Kraken. Das konnte nur die Astrafania sein!

Sie streckte der Hütte und damit uns den Rücken zu, so dass sie uns zum Glück nicht sehen konnte. Dadurch war es uns aber leider auch nicht möglich, ihr Gesicht zu erkennen – wobei ich das aber, glaube ich, auch gar nicht wollte.

Von hinten sah sie jedenfalls genauso aus, wie ich sie mir nach dem Imnauer seiner Erzählung vorgestellt hatte: groß gewachsen, schlank und mit langen schwarzen Zöpfen, die, wenn sie den Kopf beim Tanzen in den Nacken legte, bis zu ihrem Hintern reichten.

»Was machen wir denn jetzt?«, flüsterte ich zum Stefan nach oben. Aber der Stefan starrte nur mit entsetztem Blick geradeaus zum Feuer. Dabei sah er recht gespenstisch aus, da das Flackern der Flammen sein Gesicht verzerrte.

»Was machen wir jetzt?«, fragte ich nun ungeduldig etwas lauter.

In diesem Moment ertönte direkt hinter uns ein schriller, markerschütternder Schrei.

Ohne auch nur einen Augenblick zu zögern raste ich los. Ich rannte wie um mein Leben, durch den knirschenden Schnee, an den Tannen vorbei über das Gleis, den Anstieg hinauf zur Kapelle.

Auf dem kleinen Vorplatz der Kapelle angekommen, sah ich mich zum ersten Mal um. Der Stefan kam nur wenige Meter hinter mir den Weg herauf. Am Eingang der Kapelle riss ich die Tür auf, ließ den Stefan an mir vorbeirasen, schmiss die Tür hinter uns zu und schob die beiden Riegel vor, dass niemand mehr nach uns hereinkommen konnte.

Da standen wir nun beide in der von zwei Ewigen Lichtern schwach erleuchteten Kapelle, die Hände auf den Knien und mit schmerzenden Lungen. Wir keuchten so laut wie zwei alte Dampfloks nach einer Alpenüberquerung.

»Sei mal leise! Ich möchte hören, ob da draußen jemand ist«, flüsterte ich dem Stefan immer noch um Luft ringend zu. Dieser nickte und versuchte, ebenfalls leiser zu atmen, was ihm nach und nach auch gelang.

Ich legte mein Ohr an die hölzerne Tür. Es war mucksmäuschenstill. Nicht ein einziges Geräusch war zu hören.

»War jemand hinter dir?«, wollte ich dann von Stefan wissen.

»Was?«

»Ob dir jemand gefolgt ist!«

»Ich glaube nicht. Ich hab niemanden gesehen und auch nichts gehört.«

»Gott sei Dank! Aber, was machen wir jetzt?«, fragte ich eher mich selbst als den Stefan.

»Keine Ahnung!«, antwortete dieser erwartungsgemäß, »Ich geh hier jedenfalls so schnell nicht mehr raus!«

»Willst du etwa hier in der kalten Kapelle übernachten?«

Kapitel 10: Der Morgen danach

Der Stefan und ich standen uns schweigend in der Kapelle gegenüber. Mein Herz pochte immer noch so laut, dass ich Angst hatte, es wäre bis nach draußen zu hören.

»Wenn wir warten, bis es hell wird, dann schnell zu dir nach Hause laufen und uns ins Bett legen?«, schlug Stefan jetzt vor.

»Das geht nicht! Mein Vater ist um diese Jahreszeit schon lange bevor es Tag wird auf. Und wenn der uns erwischt, was glaubst du, was dann los sein wird?!«

Wir schwiegen uns wieder an. Ich setzte mich auf die nächste Kirchenbank. Puh, war die kalt! Aber so langsam legte sich die Anspannung in mir und ich versuchte, in Gedanken einen Ausweg zu finden. Was war schlimmer? Zu riskieren, dass wir der Astrafania in die Hände fallen? Oder der Ärger zu Hause, wenn meine Eltern erfahren, dass wir die Nacht nicht im Bett zu Hause sondern in der Kapelle verbracht hätten? Ich konnte es wirklich nicht sagen.

Stefan ließ sich auf die nächste Bank neben mir plumpsen und starrte auf den Boden.

Wie lange wir so da saßen, kann ich nicht sagen, aber es fühlte sich an wie eine Ewigkeit. Es wurde immer kälter und ich musste irgendwann aufpassen, dass meine Zähne nicht laut los klapperten.

Auf einmal wurde es durch die kleinen Fenster der Kapelle heller und alles in der Kapelle war deutlich in kaltem, gespenstisch bläulichen Licht zu erkennen.

»Was hat das denn jetzt wieder zu bedeuten?«, fragte Stefan zitternd.

Ich ging zu einem der bleiverglasten Fenster und versuchte durch die Scheiben etwas zu erkennen.

»Das ist der Mond! Es hat aufgeklart!«, rief ich etwas zu laut vielleicht und konnte sehen, wie der Stefan vor Schreck zusammenzuckte.

»Komm, wir schauen mal vorsichtig, ob die Luft draußen rein ist!« schlug ich vor und ging zur Tür.

»Aber dazu müssen wir ja die Tür öffnen!«

»Ja, wir stellen uns beide so hin, dass wir sie sofort zu zweit wieder zuschlagen können, falls da etwas ist, o.k.? Du den unteren, ich den oberen Riegel, ja?«

Stefan nickte stumm und kam zu mir.

Leise schoben wir die beiden Riegel zurück, erst der Stefan seinen, dann ich.

Vorsichtig drückte ich die Klinke geräuschlos nach unten, öffnete die Tür einen winzigen Spalt und sah hinaus auf den kleinen Platz vor der Kapelle.

Nichts regte sich.

Ich wartete noch kurz, bevor ich die Tür ein wenig weiter öffnete.

Vor uns lag der Platz, der Schnee glitzerte kalt erleuchtet vom Vollmond, der zwischen den Berggipfeln hervorschien.

Das Feuer bei der Hütte war nicht mehr zu sehen, es musste also gelöscht worden sein.

Ich konnte unsere beiden Spuren im Schnee sehen, die wir auf unserer Flucht hinterlassen hatten. Sonst nichts. Es waren keine weiteren Spuren zu erkennen. Also war uns auch niemand gefolgt!

Wir warteten noch eine Zeit, aber es geschah nichts.

»Komm wir gehen! Die Luft ist rein!«, flüsterte ich dem Stefan zu.

»Bist du ganz sicher?«, wollte der natürlich wissen.

War ich aber natürlich nicht!

»Es ist alles still«, versuchte ich, uns beide zu beruhigen.

»Geh mal auf die Seite!«, sagte der Stefan und ich sah, wie er seine Pudelmütze über den Kerzenständer, der neben dem Eingang stand, stülpte und den Kerzenständer hochnahm. Er kippte den Ständer mit der Mütze nach vorne und hielt ihn zur Türe hinaus und zwar so weit, dass er von jemandem gesehen werden musste, der vielleicht rechts oder links neben der Eingangstüre lauerte.

Aber es passierte nichts!

»Komm wir schleichen los! Leise aber zügig, o.k.?«

Stefan nickte, ich zog die Tür hinter uns zu und wir gingen dicht hintereinander los.

Kurz bevor wir den kleinen Platz bis zum Weg nach unten überquert hatten, raschelte es plötzlich in den Tannen gegenüber.

Abrupt blieben wir stehen und starrten zu den Bäumen. Da sahen wie, wie sich gerade ein großer Uhu von dem Ast, auf dem er saß, abstieß und fast lautlos mit kräftigem Flügelschlag davon flog.

Wir atmeten beide erst mal tief durch und sahen dem Uhu hinterher, wie er Richtung Heustadel flog.

»War das derselbe Uhu, den du vorgestern gesehen hast?«, fragte mich der Stefan flüsternd.

Ich zuckte mit den Schultern. Ich wollte es mir gar nicht erst vorstellen, dass Astrafania uns in Gestalt des Uhus die ganze Zeit beobachtet haben könnte.

»Auf los, weiter!«, drängte mich der Stefan und wir gingen schnellen Schrittes nach Hause.

Dort angekommen zogen wir Stiefel und Jacken im Flur aus und schlichen die Treppe hoch in mein Zimmer.

Wir warfen uns auf die Betten und starrten an die Decke. Meine Gedanken rasten um die Erlebnisse der letzten Stunden. Das Feuer hinter dem Stadel, die Hexe davor, der Schrei von hinten, die

Flucht zur Kapelle, der riesige Uhu. Das konnte doch nur bedeuten, dass die Astrafania ihr Unwesen hier bei uns trieb. Aber warum bloß?

»Kneif mich mal bitte, damit ich weiß, dass ich das alles nicht nur geträumt habe!«, sagte der Stefan nach etlichen Minuten.

Ich sah auf die Uhr: »Es ist jetzt 01:54 Uhr. So lange waren wir ja gar nicht weg! Mir kam es vor wie eine Ewigkeit!«

»Das stimmt!«, meinte Stefan »Ich hätte auch gedacht, dass es mindestens schon 6:00 Uhr wäre.«

»Mann, die Geschichte glaubt uns kein Mensch! Was sollen wir denn jetzt machen?«

»Gute Frage! Wir können ja nicht morgen früh da einfach mal hin latschen und nach der Astrafania rufen, oder?«

Ich sah den Stefan an.

»Oh nein! Das war wirklich nur ein Witz, Matze! Da mache ich nicht mit!«, sagte Stefan schnell, als er wohl den Ausdruck in meinem Gesicht sah.

»Doch, ich will wissen, was da bei Tag zu sehen ist.«

»Auf keinen Fall! Das ist viel zu gefährlich!«

»Was soll die Astrafania denn von uns wollen? Wir haben ihr doch nichts getan, oder?«

»Das interessiert doch Hexen und Dämonen nicht! Die wollen sich nur rächen! Egal für was und an wem! Glaub mir das!«

»Wir könnten doch den Imnauer einweihen und mitnehmen.«

»Wenn wir das, was heute passiert ist und vor allem, dass wir heute Nacht draußen herumgeschlichen sind, erzählen, wird das einen Riesenärger geben! Und ich darf bestimmt nie wieder bei dir übernachten!«

»Also, dann müssen wir das eben doch alleine durchziehen!«

Stefan schwieg jetzt.

»Komm, wir versuchen zu schlafen, sonst sind wir morgen früh nicht fit für unsere weiteren Ermittlungen.«, schlug ich vor.

»Das ist wahrscheinlich jetzt echt das Beste. Gute Nacht!«

»Gute Nacht!«

Es dauerte einige Zeit, bis ich einschlafen konnte, aber dann schlief ich tief und fest und erwachte erst, als es draußen bereits hell war. Ich sah müde auf die Uhr: es war bereits kurz vor 10.00 Uhr! So lange konnte ich normal nie schlafen, da ich ansonsten spätestens um 9:00 Uhr geweckt wurde, weil es ja schließlich immer etwas zu tun gab.

»Stefan, wach auf, es ist gleich 10!«, rüttelte ich den Stefan auf der Matratze am Boden wach.

Der fuhr hoch »Was? Wo? Hilfe!«

»He, ganz ruhig, es ist alles gut! Du bist in Sicherheit!«, sagte ich lachend. »Komm, aufstehen, sonst bekommen wir nichts mehr zum Frühstück!«

Wir zogen uns schnell an und gingen hinunter in die Küche.

»Ja guten Morgen, ihr Schlafmützen!«, wurden wir freudig begrüßt. Stefans Mutter war bei meiner Mutter und die beiden tranken zusammen Kaffee. Das kam normalerweise nie vor, da die beiden für ein Kaffeekränzchen sonst nie Zeit hatten. Aber erstens war heute Sonntag und zweitens konnten Sie wahrscheinlich ohne Strom eh nicht viel machen.

»Habt ihr gut geschlafen?«, wollte Stefans Mutter wissen.

»Geht so«, sagte Stefan einsilbig.

»Du bist auch ganz bleich! Geht´s dir nicht gut?«, bohrte sie weiter.

»Doch, doch!«

»Wir haben gerade über morgen gesprochen!«, meinte daraufhin meine Mutter.

Morgen? Ach herrje! Da war ja schon Heiliger Abend! Bei der ganzen Aufregung hatte ich daran gar nicht mehr gedacht!

»Wir haben gerade beschlossen, dass wir eine gemeinsame Andacht oben in der Kapelle machen.«

»Aber der Herr Pfarrer kann doch gar nicht kommen!«, gab der Stefan zu Bedenken.

»Das ist uns schon klar!«, meinte daraufhin seine Mutter, »Aber wir können doch eine besinnliche Stunde am Heiligen Abend auch ohne den Herrn Pfarrer feiern, oder? Und ihr beide spielt mit der Gitarre, die Mädchen spielen Flöte und wir Erwachsenen singen.«

»Aber in der Kapelle ist es doch stockfinster!«, äußerte Stefan seine Bedenken. Wahrscheinlich dachte er an heute Nacht.

»Schon mal was von Kerzen gehört, junger Mann?«, sagte Stefans Mutter triumphierend.

»Oh das wird bestimmt wunderschön! Weihnachten wie es früher war, oder?«, meinte Mama mit strahlenden Augen.

»Also, Jungs, dann frühstückt mal schnell und anschließend ist Übungsstunde angesagt. Am besten ihr bringt die beiden Mädels gleich mit zu uns und dann könnt ihr festlegen, was ihr zusammen spielt.«

»Genau, und das meldet ihr anschließend mir und ich stelle damit das Programm für die Andacht zusammen.«

»Du?«, fragte ich meine Mutter. Aber eigentlich nur, um Zeit zu gewinnen, da mir der Wortfluss der beiden Frauen im Moment einfach zu schnell war.

»Ja klar, die Christel muss schließlich ...«

»Jetzt verrat bloß nicht noch mehr!«, unterbrach sie Stefans Mutter schnell.

Der Stefan und ich schauten uns groß an. So euphorisch und freudig hatten wir unsere Mütter glaube ich noch nie gesehen.

»Wie auch immer: Nach dem Frühstück und dem Zähneputzen packt ihr die Gitarren, die Heidi und die Tanja mit ihren Flöten und geht rüber zum Üben. Und es wird solange geübt, bis es sich auch wirklich nach etwas anhört«, ordnete meine Mutter an. »und anschließend wird der Christbaum in der Stube aufgestellt!«

»Aber …«, wollten der Stefan und ich protestieren, da wir ja unbedingt zum Stadel gehen wollten, um uns dort bei Tag umzuschauen.

»Keine Wiederrede!«, ließ uns Stefans Mutter gar nicht erst zu Wort kommen, »Es ist noch so viel zu tun bis Heilig Abend, da müssen wir alle zusammenhelfen!«

Sie ging und wir frühstückten schweigend weiter, während meine Mutter in der Küche herumfuhrwerkte.

Kurz danach kam Vater zur Türe herein.

»Ach, seid ihr auch schon wach?«, fragte er vorwurfsvoll um dann aber, ohne auf eine Antwort von uns zu warten, zu erzählen: »Im Radio haben sie gerade berichtet, dass die Räumarbeiten nur sehr mühsam voran kommen. Die Rettungskräfte können nur tagsüber arbeiten, weil sie ja nicht wissen, ob unter der Lawine Menschen oder Tiere verschüttet sind. Es wird deshalb auch noch mindestens 2 Tage dauern, bis sie zu uns durchstoßen werden, meinte der Sprecher der Bergwacht. Und leider ist es jetzt nach einer klaren Nacht seit heute früh auch wieder nebelig, so dass sie immer noch keinen Hubschrauber zu uns schicken können. Wir werden also die nächsten Tage wohl weiter ohne Strom verbringen müssen.«

Wir sahen uns alle betroffen an und schwiegen.

Nach einer Weile meinte Mutter dann: »Ach wisst ihr was? Wir machen einfach das Beste daraus! Schließlich ist morgen ja Weihnachten!«

Kapitel 11: Vom Himmel hoch

Wir übten und übten und übten.

Aber irgendjemand von uns Vieren machte immer einen Fehler, spielte den falschen Ton oder übersah eine Pause. Es war zum Verzweifeln. Und dabei hatten der Stefan und ich doch noch so Wichtiges zu erledigen!

Aber dann hatte ich die zündende Idee: Der Stefan und ich spielten mit unseren Gitarren ein paar der Lieder für uns und die Mädels ebenfalls zu zweit mit ihren Flöten. So ging es besser. Erstens musste dann jeder nur halb so viele Lieder spielen und außerdem war die Wahrscheinlichkeit, dass jemand falsch spielte nur noch halb so groß, da es ja nur noch die Hälfte an Mitspielern jeweils war.

So hatten wir gerade festgelegt, wer welche Lieder spielen würde, als der Stefan zum Essen gerufen wurde.

Beim Verabschieden versprach mir der Stefan, dass er sofort kommen würde, sobald der Christbaum in der Stube aufgestellt sei: »Du brauchst bestimmt eh länger für dein Riesending! Also komm ich zu dir.«

Ich ging mit den Mädels nach Hause. Daheim setzten wir uns auch gleich an den Tisch. Und obwohl es Schnitzel und Bratkartoffel gab, schmeckte es mir nicht richtig. Ich hatte ja auch erst gefrühstückt und außerdem war ich total nervös, da ich immer an heute Nachmittag denken musste. Was würden der Stefan und ich beim Heustadel wohl entdecken?

Nach dem Essen holte ich sofort unseren Christbaumständer vom Dachboden und nahm ihn mit vor die Türe, wo der Christbaum an der Hauswand lehnte und darauf wartete, vom Schnee befreit zu werden und in die warme Stube zu dürfen.

Ich begann gerade das Stammende mit dem Beil zu bearbeiten, als plötzlich ein Hubschrauber in der Ferne zu hören war. Jetzt erst blickte ich nach oben und bemerkte, dass der Nebel nach oben gestiegen war und die Bergspitzen freigegeben hatte.

Das Geräusch kam immer näher. Nun kam auch mein Vater aus dem Haus gerannt und suchte mit mir auf der Straße vor unserem Haus stehend den Horizont ab.

Wenige Augenblicke später sahen wir, wie der Helikopter aus dem Tal hochgeschossen kam, anschließend ein paar Kreise über Winterdorf drehte, bevor er unmittelbar über uns in der Luft stehen blieb.

Gespannt blickten wir nach oben. Wir konnten beobachten, wie am Hubschrauber die seitliche Türe aufgeschoben wurde und dahinter ein Mann mit Helm stand.

Wir sahen, wie er sich an dem Haken der Seilwinde über der Türe einklinkte und ein Zeichen nach innen gab. Daraufhin kam er langsam nach unten geschwebt und ich konnte erkennen, dass auf seinem Anorak das Zeichen der Bergwacht war.

Inzwischen waren auch Stefan, sein Vater und der Imnauer bei uns angekommen.

»Servus Franz!«, begrüßte Letzterer unseren Gast, als dieser gerade die Füße auf den Boden gesetzt hatte.

»Ja was! Der Imnauer!«, rief der Bergretter erfreut und nahm seinen Helm ab: »Dann kann ich ja gleich wieder gehen, wenn du schon da bist, oder? Nein, Spaß bei Seite! Wie geht es Euch? Wird jemand von euch vermisst, der vielleicht von der Lawine begraben wurde?«

»Nein, wir sind alle wohl auf und vollzählig«, antwortete mein Vater.

»Sehr gut, das ist ja wunderbar. Wir hätten nämlich einen Notarzt mit im Heli, der wäre sonst auch heruntergekommen«, sagte der Franz und sprach anschließend in sein Sprechfunkgerät: »Hallo? Hier ist der Franz. Alle Bewohner sind o.k., der Doc muss nicht abgeseilt werden! Over!«

»O.k., haben verstanden, halten Position. Over!«, kam die Antwort aus dem Funkgerät. Der Hubschrauber stieg darauf hin etwas in die Höhe, so dass wir nicht mehr ganz so laut schreien mussten.

»Habt ihr sonst alles? Braucht ihr noch was?«, wollte der Franz dann wissen.

»Ja, Strom fehlt uns«, sagte der Stefan spontan.

»Die Jungs da unten sind mit Hochdruck dran, das Tal frei zu baggern. Die haben sich aber bisher nicht wirklich getraut, richtig los zu legen, weil wir ja nicht wussten, ob noch jemand darunter liegt. Und die Lawine war sehr, sehr breit und es wird schon noch mindestens eineinhalb Tage dauern. Anschließend kommen dann gleich die Elektriker und reparieren die Stromleitung.«

»Anderthalb Tage meinst du?«, fragte der Imnauer: »Dann ist ja fast der ganze Hang abgerutscht, oder?«

»Ja, das ist so. Fast die gesamte Breite bis zum Rißbachtal vor.«

Das war echt heftig! Das Rißbachtal war das große Tal Richtung Tölz, von dem aus das kleinere Augrabental abzweigte, an dessen Ende Winterdorf lag.

Und der Stefan und ich standen am Freitag nur wenige Meter von der Stelle entfernt, an der diese riesige Lawine abgegangen ist! Und wir wurden nicht erfasst!

Das Schnitzel vom Mittagessen wollte sich gerade in meinem Magen umdrehen, als plötzlich der

Herr Schneider, komplett ausgerüstet mit Rucksack auf dem Rücken, auf uns zu gerannt kam.

»Stopp! Warten Sie! Stopp!«, rief er schon von weitem. »Ich muss mit! Ich muss unbedingt mit zurück!«

Der Franz sah erst uns fragend an und dann den Herrn Schneider: »Grüß Gott erst mal! Wer sind denn Sie?«

»Gestatten: Schneider, Johannes Schneider. Ich war mit dem Luis auf Bergtour unterwegs und dann wurde unser Weg ins Tal von einer Lawine verschüttet. Und über denselben Weg zurück können wir auch nicht, da dieser komplett zugeschneit ist. Ich habe noch so viel im Geschäft zu erledigen. Ich muss morgen unbedingt im Büro erscheinen!«

»Das hier ist ein Notfall-Helikopter der Bergrettung und kein Mallorca-Flieger!«, antwortete der Franz scharf.

»Bitte, nehmen Sie mich doch mit! Wenn sie mich jetzt mitnehmen, verspreche ich Ihnen, dass ich gleich morgen eine große Spende an die Bergwacht mache!«

Der Franz lief ganz rot an, aber nicht vor Freude sondern vor Wut: »Sie meinen wohl, mit Geld kann man alles erreichen, oder?«

Da versuchte es Herr Schneider auf die Mitleidstour: »Und außerdem habe ich noch keine Geschenke für meine Kinder besorgt!«

»Ja, Weihnachten kommt auch jedes Jahr so überraschend, oder?«, erwiderte der Imnauer.

»Aber ich …«, stotterte der Herr Schneider, sah betroffen zu Boden und kaute nervös auf seiner Lippe herum. Mit so viel Widerstand konnte er anscheinend nicht umgehen.

»Also, ich mach dann mal wieder den Abflug. Ihr habt ja soweit alles unter Kontrolle. Ich lass Euch noch das hier da«, der Franz holte ein zweites Funksprechgerät aus seinem Anorak: »für den Fall, dass ihr doch noch dringende Hilfe benötigt. Auf Kanal 1 ist die Einsatzzentrale zu erreichen. Dann kommen wir sofort wieder.«

»Wenn es das Wetter halt zu lässt«, ergänzte mein Vater und nahm das Funkgerät entgegen.

Der Franz drückte noch jeden von uns mit Ausnahme des Herrn Schneider und gab dann das Zeichen an den Helikopter, dass er wieder hoch wollte.

Das Seil wurde herabgelassen, der Franz klinkte sich ein und die Seilwinde zog ihn nach oben wo er wieder in den Hubschrauber kletterte. Die Tür schloss sich und der Helikopter drehte ab und verschwand wenige Sekunden später im Tal.

»So, dann bleiben wir halt noch ein Weilchen hier in Winterdorf, was Jo?«, meinte der Imnauer und haute dem Herrn Schneider aufmunternd auf die Schulter.

»So ein Mist! Ich mache nie wieder Urlaub! Wäre ich doch bloß zu Hause geblieben! Da denkt man einmal an sich und schon bricht alles zusammen …«. schimpfte und zeterte der Herr Schneider als er in Richtung unseres Hofes davon stapfte.

»Ich stell schnell unseren Christbaum auf und komm dann wie ausgemacht zu dir! Bis gleich!«, rief der Stefan im Davonlaufen mir zu.

»Ja bis gleich!«

Ich ging wieder zu unserem Tannenbaum und bearbeitete den Stamm weiter. Als dieser dann endlich in den Christbaumständer passte und ich ihn neben mir aufstellte, sah ich erst, wie groß er tatsächlich war. So passte der nie im Leben in die Stube! Ich holte den Meterstab aus der Werkstatt und maß den Baum ab: Fast 3 Meter war dieser lang! Also holte ich die Säge und machte ihn knapp einen Meter kürzer. Als das untere Ende in den Schnee plumpste, nahm ich es schnell mit, legte es zusammen mit der Säge und dem Meterstab in die Werkstatt, damit wenn der Stefan kam, er nicht gleich merkte, dass er recht hatte und der Baum wirklich viel zu groß gewesen war.

Ich machte mich gerade daran, den Baum im Ständer zu befestigen, als der Stefan daher kam.

»Und passt er?«, fragte er herausfordernd.

»Ich glaube schon«, antwortete ich unschuldig.

Stefan half mir, den Baum vollends im Christbaumständer festzuschrauben und dann trugen wir ihn zusammen in die Stube.

»Mei, ist der schön!«, sagte die Oma gleich als wir ihn in seiner Ecke aufgestellt hatten: »Und so groß! Das ist ja wunderbar! Früher, als ich so alt war wie ihr, hatten wir auch immer einen so großen Baum.«

»Gefällt er dir?«, fragte ich die Oma und sie nickte ganz selig.

Geschmückt wurde der Baum damals traditionell immer in der Nacht vom 23. auf den 24. Dezember von den Eltern. Anschließend wurde die Stube abgeschlossen und erst wenn das Christkind da gewesen war und mit dem Himmelsglöckchen geläutet hatte, durften alle in die Stube und den geschmückten Christbaum mit den Geschenken darunter sehen.

»Jetzt aber schnell! Es wird schon bald wieder dunkel«, sagte ich zum Stefan.

»Was habt ihr denn vor?«, wollte natürlich die Oma wissen.

»Weihnachtsgeheimnis!«, sagte ich schnell und schob den Stefan zur Stube hinaus.

Es war inzwischen bereits fast 4 Uhr und es begann schon dunkler zu werden.

»Sollen wir nicht lieber erst morgen nach dem Stadel schauen?«, fragte wahrscheinlich auch deshalb der Stefan.

»Quatsch, ich will das jetzt wissen. Wer weiß, was sonst noch alles heute Nacht brennt!«

Der Stefan nickte und wir stapften los.

Kapitel 12: Des Rätsels Lösung

Wir näherten uns dem Heustadel genau wie letzte Nacht von hinten. Nur, dass wir uns dieses Mal nicht im Schutze der Nacht befanden, sondern offen über den Schnee laufen mussten.

Irgendwie fühlte ich mich beobachtet. Denn mir war klar, sollte die Astrafania tatsächlich in der Hütte sitzen und auch nur zufällig durch einen Spalt hindurchsehen, konnte sie uns direkt auf sich zukommen sehen.

Aber da die Hütte frei im Feld stand, gab es nichts, hinter dem wir uns verstecken konnten.

Mit jedem Schritt, mit dem wir uns dem Stadel näherten, wurde ich nervöser. Was wird uns wohl jetzt gleich erwarten? Und was machen wir, wenn sich uns die Astrafania plötzlich in den Weg stellt? Und so weiter und so fort. Und mir wurde auf einmal bewusst, dass der Stefan und ich dieses Mal keinen Notfallplan vereinbart hatten. Vor lauter Hubschrauber und Christbaumaufstellen waren wir völlig überhastet losgelaufen, ohne uns Gedanken zu machen, was wir in welchem Fall machen sollten.

Als wir an der Rückseite der Hütte ankamen, begann schon merklich die Dämmerung und der

Nebel kam langsam wieder kalt und feucht die Hänge heruntergekrochen.

»Was machen wir jetzt?«, flüsterte der Stefan.

Fast hätte ich mit den Schultern gezuckt, was uns ja aber auch nicht weiter gebracht hätte. Deshalb flüsterte ich zurück: »Komm, wir schauen uns die Stelle mal an, wo der Scheiterhaufen gestern gebrannt hat!«

Und so schlichen wir an der rechten Wand der Hütte entlang, also auf der anderen Seite der Hütte wie heute Nacht.

An der Ecke angekommen, spähten wir vorsichtig zu der Stelle, wo gestern das Feuer gelodert und die Astrafania davor getanzt hatte.

Als sich nach ein paar Augenblicken immer noch nichts regte, ging ich einfach weiter und auf die Feuerstelle zu. Der Stefan folgte mir zögernd.

Da, wo gestern der Scheiterhaufen gebrannt hatte, war ein kreisrunder schwarzer Fleck im Schnee mit einem Durchmesser von über 2 Meter. Man konnte die verkohlten Holzreste noch erkennen. Um den Kreis herum liefen Fußspuren im Schnee. Aber der Schnee war so sehr niedergetrampelt, dass man keine einzelnen Fußabtritte mehr erkennen konnte.

Wir liefen mehrmals um die Feuerstelle herum, aber es gab nichts Außergewöhnliches zu entdecken. Oder doch? Erst jetzt viel es mir auf: Von der Spur, die um das Feuer ging, führten Spuren direkt zu der einen Seite der Hütte, an der wir gestern entlang geschlichen sind!

Ich ging der Spur nach in Richtung Hütte und der Stefan folgte mir.

An der Ecke konnte man im Schnee erkennen, wo wir gestern gestanden und die Astrafania beobachtet hatten bis wir von dem Schrei in die Flucht geschlagen wurden. Auch unsere Fluchtfährte zur Kapelle konnte man eindeutig erkennen. Es hatte ja seither nicht mehr geschneit.

Die Spur vom Feuer, der wir jetzt folgten, führte weiter direkt zur Tür des Heustadels. Und als wir vor der Tür standen, sahen wir, dass diese einen Spalt weit aufstand.

Stefan und ich sahen uns fragend an.

»Und jetzt?«, fragte der Stefan.

Dieses Mal zuckte ich doch mit den Schultern. Da war guter Rat echt teuer! Wir konnten ja nun nicht einfach in die Hütte reinspazieren und nach der Astrafania rufen, oder? Reinschleichen würde auch nichts bringen, denn wenn da jemand in der Hütte war, hatte er uns eh schon lange bemerkt.

Ich deutete dem Stefan an, links von der Tür sich an die Wand zu pressen während ich dasselbe auf der rechten Seite tat. Wir warteten kurz, dann stieß ich die Türe auf und presste mich wieder an die Wand.

Alles blieb still, nachdem die Türe nach einem kurzen Quietschen offen stehen blieb.

Ich deutete dem Stefan an, mir zu folgen und wir schlichen leise durch die Tür.

In der Hütte mussten sich unsere Augen zuerst noch einen Moment an die Dunkelheit gewöhnen. Und gerade als ich begann, mit meinen Augen das Heu ab zu suchen, fiel die Türe hinter uns quietschend zu und alles um uns herum war stockdunkel!

Bevor ich noch realisieren konnte, was jetzt passiert war, bekam ich von hinten einen solchen Stoß, dass ich der Länge nach ins Stroh fiel. Fast zeitgleich mit dem Stefan, der direkt neben mir zum Liegen kam.

Ich drehte mich sofort um, konnte aber auf Grund des nur sehr schwachen Lichtscheins, das durch die Balken der Hütte drang, lediglich den Umriss einer großen Gestalt erkennen, die sich vor uns aufbaute. Einer Gestalt mit langen, dicken Zöpfen!

»Astrafania!«, stieß der Stefan angsterfüllt hervor. Er hatte sie wohl auch erkannt.

Im gleichen Moment spürte ich einen kalten spitzen Gegenstand auf meiner Brust und die Gestalt sagte drohend: »Liegenbleiben, alle beide! Oder es passiert etwas!«

Allerdings handelte es sich dabei mysteriöser Weise nicht etwa um die Stimme einer Frau, sondern das war eindeutig die Stimme eines erwachsenen Mannes!

»Was wollt ihr hier?«, fragte die Stimme dann. »Was schnüffelt ihr hier herum?«

Und da war ich mir mit einem Mal sicher, dass ich diese Stimme schon irgendwo gehört hatte. Aber wann und wo war das bloß? Ich kam nicht drauf!

Während ich noch angespannt nachdachte, bekamen der Stefan und ich einen Tritt gegen unsere Füße.

»Los, redet schon! Was wollt ihr von uns?«

»...von uns?«, wiederholte ich im Kopf. Die Gestalt vor uns sprach im Plural! Waren etwa noch mehr finstere Wesen hier in der Hütte? Ja klar, schließlich kam auch der Schrei gestern Nacht definitiv nicht von der Astrafania. So ein Mist! Wie konnten wir das nur übersehen?

»Wir haben heute Nacht das Feuer gesehen und wollten jetzt schauen, was es damit auf sich hat«, antwortete der Stefan wahrheitsgetreu mit zitternder Stimme.

»Und, was habt ihr dann alles gesehen? Los, jetzt redet schon!«

Wir bekamen einen erneuten unsanften Tritt gegen die Füße.

»Calmez-vous, s`il vous plaît!", rief daraufhin eine schrille Frauenstimme.

Oh mein Gott! Es waren tatsächlich mehrere! Bestimmt gehörte diese Stimme jetzt der Astrafania! Und was für ein Wesen stand dann hier vor uns? Bestimmt einer ihrer Helfer aus der Unterwelt!

Wir saßen in der Falle! Es gab keinen Ausweg, wir waren den beiden hilflos ausgeliefert!

In diesem Moment wurde die Türe des Stadels wieder aufgestoßen und eine Stimme, so gewaltig wie von St. Nikolaus persönlich, brüllte dermaßen ins Innere der Hütte: »Lass sofort die Kinder in Ruhe! Weg mit der Heugabel!«

Die Gestalt mit den langen dicken Locken ließ die Heugabel sofort fallen und drehte sich schnell zur Tür um.

Da schritt jedoch nicht St. Nikolaus oder Knecht Ruprecht zur Tür herein. Nein, es war der Imnauer! Mit drohender Gebärde kam er mit schweren Schritten durch die Tür.

»Was ist denn hier los?«, fragte er immer noch sehr drohend und bestimmt.

Er schob dabei das Wesen, das uns bedroht hatte ein wenig zur Seite um nach uns sehen zu können. Dann nahm er ein Feuerzeug aus der Tasche, knipste es an und hielt es umher. Jetzt konnte ich endlich das Gesicht von unserem Gegner erkennen: es war der Passagier, der zusammen mit der Frau im Schienenbus hier angekommen war! Jetzt wusste ich auch, wo ich die Stimme schon einmal gehört hatte! Und die Zöpfe waren Dreadlocks, also Rastazöpfe. Diese hatte er wohl bei seiner Ankunft in die zu große bunte Mütze gestopft.

Nun trat auch die Frau aus der Dunkelheit neben ihn und nahm ihn an der Hand.

Der Imnauer schaute ziemlich erstaunt bei ihrem Auftauchen.

»Wo kommt ihr denn her und was treibt ihr hier?«, fragte er scharf.

Da die beiden schwiegen, ergriff ich das Wort: »Die beiden saßen mit im letzten Zug, der hier am Freitag ankam. Ich dachte eigentlich, die haben sich bei euch einquartiert!«, sagte ich zum Stefan.

»Und ich dachte, die beiden wohnen bei Euch!«, gab der gleich zurück.

»Wir wollten niemanden zur Last fallen«, sagte nun der Mann, »und außerdem haben wir nicht so viel Geld. Da wir Backpacker sind, hatten wir ja alles dabei um hier ein paar Tage zu campieren, bis der Zug wieder fährt.«

»Und warum bedroht ihr dann jetzt die armen Jungs hier?«, wollte der Imnauer immer noch sehr misstrauisch wissen.

»Ich dachte, die beiden wollten uns beklauen!«

»Und ich dachte, bei euch gibt es nichts zum Stehlen!«, konterte der Imnauer.

»Außerdem hatten sie heute Nacht …«, der Mann brach seinen Satz ab.

»Was haben sie heute Nacht?«, wollte der Imnauer wissen.

»Sie haben mich heute Nacht beobachtet.«

»Ja, und?«

»Ach nichts!«

Der Imnauer sah uns fragend an. Wir zuckten beide mit den Schultern.

»Doch, ich will jetzt wissen, was heute Nacht hier passiert ist!«, sagte der Imnauer böse.

»Wir haben ein großes Feuer hinter dem Heustadel von meinem Zimmer aus gesehen«, berichtete ich daraufhin, »und der Stefan und ich haben uns aus dem Haus geschlichen und sind hier her gekommen.«

»Und dann?«, wollte der Imnauer wissen.

»Dann sahen wir ihn hier um das Feuer tanzen«, antwortete ich und zeigte auf den Mann mit dem Bart und den dicken Zöpfen.

Der Imanuer wandte sich an den Rastaman: »Wieso tanzt du denn bitte mitten in der Nacht um ein Feuer? Ist das normal?«

Nach kurzem Zögern antwortet dieser: »Der Tanz ist Teil meines Reasonings.«

»Riesending? Riesen… was?«, fragte der Imnauer.

»Das Reasoning ist für uns Rastafaris ein spirituelles Nachdenken und Reinigen der Seele.«

»Sodom und Gomorra!«, stieß der Imnauer jetzt hervor, »Was es alles gibt auf Gottes großer Welt!«

Und nach einer Weile der Stille fragte weiter: »Und was passierte dann?«

»Wir dachten, dass das, was da um das Feuer tanzt ...«, ich traute mich nicht weiter zu sprechen.

»Wir dachten, das sei die Hexe Astrafania!«, ergänzte Stefan den angefangenen Satz.

Da begann der Imnauer plötzlich zu beben und sein Gesicht lief dunkelrot an bis es aus ihm herausbrach: Er lachte und lachte bis ihm die Tränen aus den Augen liefen.

»Das ist gut, Kinder! Das ist der Hammer! Das gibt es ja nicht!«, tönte er immer wieder prustend. Er lachte so lange bis erst der Stefan und ich und schließlich auch der junge Mann und die Frau mit einstimmten.

Als wir uns endlich alle wieder beruhigt hatten, wollte der Imnauer dann wissen wie es gestern weiter ging. Der Stefan und ich erzählten, wie wir bei unseren Beobachtungen von dem Schrei aufgeschreckt wurden.

»Das war Madeleine. Sie ist so sehr erschrocken, als sie aus der Hütte kam und euch da stehen sah«, berichtete der Backpacker.

»Daraufhin sind wir zur Kapelle rauf geflohen und haben uns dort eingeschlossen.«

Wieder brachen alle in Lachen aus.

»Ich bin übrigens der Luis«, stellte sich der Imnauer dem Rastaman vor, nachdem sich das Lachen wieder gelegt hatte.

»Ich heiße Leonhard und komme aus Hamburg. Das ist Madeleine aus Frankreich. Wir machen zusammen eine Europarundreise mit dem Rucksack und sind eigentlich auf dem Weg nach Mailand.«

»Ja dann ist ja jetzt alles wieder gut!«, meinte der Imnauer und schüttelte den beiden herzlich die Hände.

»Nein, nicht ganz! Die Mutter Gottes fehlt ja immer noch!«, platzte es aus mir heraus.

»Was? Wer fehlt?«, wollte Leonhard wissen.

»Stimmt!«, pflichtete mir der Imnauer nun wieder sehr ernst bei: »Die Madonna, die eigentlich über dem Eingang der Kapelle steht, ist nicht mehr an ihrem Platz. Habt ihr damit etwas zu tun?«

»Nein, auf keinen Fall! Ich wusste nicht einmal, dass da oben in der Kapelle eine Heiligenfigur steht.«

Leonhard klang ernst und glaubwürdig. Alle sahen sich betroffen an.

»Qu'est-ce qui se passe?«, fragte Madeleine, da sie wohl unserer Unterhaltung nicht folgen konnte. Leonhard erklärte ihr, wovon wir gerade sprachen auf Französisch. Ich kann ja kein Französisch, aber ich denke mal, dass es wohl das war, was er mit ihr besprach. Danach zuckte Madeleine mit den Schultern. Sie wusste natürlich auch nicht, was mit unserer Mutter Gottes passiert sein könnte.

»Jetzt gehen wir erst mal alle zusammen rüber in eine warme Stube«, ordnete der Imnauer an. Und zu Leonhard und Madeleine gewandt, sagte er: »Und ihr beide packt jetzt schnell zusammen und kommt gefälligst mit. Dem Stefan seine Mutter hat noch ein Zimmer frei!«

Doch die beiden zögerten.

»Das wird schon nichts kosten! Die Christel hat ein großes Herz, stimmt´s Stefan?«

Kurz danach gingen wir zu fünft zurück zu den Häusern. Es war fast dunkel.

»Du, Imnauer!«, fing ich unterwegs an. »Wie hast du uns eigentlich gefunden?«

»Ich hab euch beide vorhin davon schleichen sehen und dachte mir gleich, da ist irgendetwas im Busch. Deshalb bin ich Euch heimlich gefolgt. Und das war wohl auch gut so, oder?«

»Oh ja!«, antwortete der Stefan und ich im Chor.

Kapitel 13: Stille Nacht

Die beiden Rucksacktouristen wurden bei Stefans Mutter einquartiert. Diese war nicht minder darüber erstaunt, dass die beiden nicht bereits bei uns wohnten. Aber sie war so beschäftigt, dass sie keine weiteren Fragen stellte.

Ich ging mit dem Imnauer nach Hause, wo es bald schon Abendessen gab. Der Imnauer erzählte dabei von den Backpackern und dass die beiden die letzten Nächte im Heustadel geschlafen hatten. Gott sei Dank beschränkte er sich in seinen Ausführungen nur auf das Wesentliche und ließ unseren nächtlichen Ausflug und alles, was heute sonst noch passiert war, weg.

Der weitere Abend verlief unspektakulär. Nach dem Essen spielten wir noch Elferraus mit der Oma. Aber ich war so müde, dass ich jedes Spiel verlor und froh war, als es hieß, wir sollten doch jetzt ins Bett gehen.

Ich schleppte mich todmüde nach oben, warf mich aufs Bett und schlief sofort ein.

Am nächsten Morgen wurde ich von den Stimmen der Mädchen geweckt, die im Gang vor meinem Zimmer aufgeregt miteinander gackerten.

Und da viel es mir wieder ein: Heute war ja Heiliger Abend! Sofort schoss ich aus dem Bett hoch und stellte fest, dass ich gestern nicht mal mehr einen Schlafanzug angezogen sondern in meinen Klamotten geschlafen hatte. Damit das keiner merkt, schlüpfte ich schnell in frische Kleider und ging hinunter in die Küche.

Auf dem Weg dorthin drückte ich noch die Türklinke an der Stube, um mich zu vergewissern, dass diese auch wirklich traditionsgemäß abgeschlossen ist. Das war sie natürlich.

In der Küche saß die Oma und die Mädchen am Tisch und frühstückten. Ich setzte mich dazu und strich mir mein Brot mit Nutella. Das Bauernbrot war ganz frisch und noch ein wenig warm. Mutter musste heute Morgen schon gebacken haben.

Und überhaupt fuhrwerkte Mama dermaßen in der Küche herum, dass es selbst der Oma irgendwann zu viel wurde: »Was machst denn da alles? Jetzt tu doch mal ein bisschen langsam!«

»Ja ich muss halt alles für heute Abend vorbereiten! Und ohne Strom ist das nun mal echt schwierig.« Und zu uns meinte Mutter: »Ihr könntet mir ruhig mal ein wenig helfen! Schließlich wollt ihr heute Abend ja auch ein schönes Fest, oder?«

»Wir müssen nur noch Zähneputzen und dann helfen wir«, sagte Tanja und verschwand mit der Heidi aus der Küche.

Kaum waren die beiden weg, kam die Tante Isolde zur Tür herein.

»Hast du alles hinbekommen?«, fragte meine Mutter sie gleich.

»Ja, ich hahabe bei der ChrChrChristel …« Doch sie wurde sofort von Mama unterbrochen: »Ja dann ist ja prima! Könntest du mir noch die Gänse aus dem Keller holen?«

»Was denn für Gänse?«, mischte ich mich jetzt ein.

»Heute Abend gibt es Gänsebraten. Die Christel hatte doch schon alle Gänse geschlachtet, da sie die normalerweise vor Weihnachten auf dem Markt verkauft. Aber leider konnte sie ja dieses Jahr wegen der Lawine nicht auf den Markt gehen. Und bevor die Vögel schlecht werden, gibt es heute Abend eben Gans!«

Wow! Das war doch mal was! Sonst gab es bei uns an Heilig Abend immer nur Saitenwürstchen mit Kartoffelsalat, was sicherlich auch nicht schlecht ist. Aber einen Gänsebraten! Mir lief das Wasser im Mund zusammen.

»Und du«, wandte sich jetzt meine Mutter mir zu, »machst jetzt mal ganz schnell, dass du zu Papa kommst und ihm im Stall hilfst! Der hat nämlich nachher auch noch einiges zu erledigen!«

Ich fragte nicht weiter nach, was denn der Papa noch zu erledigen hatte, sondern schluckte den letzten Bissen von meinem Brot hinunter und trank schnell meine Milch leer. Wenn Mama so in

Rage ist, ist es immer besser, man kommt ihr nicht mehr in die Quere.

Nach dem Richten der Ställe gab es zum Mittagessen eine Suppe und danach kam wie jedes Jahr die Anweisung an uns Kinder: »Jeder räumt jetzt sein Zimmer auf, sonst kann das Christkind nichts Neues bringen!« Dieses Jahr kam aber noch hinzu: »Um 4:00 Uhr seid ihr fertig gerichtet und habt eure Instrumente parat! Um halb 5 geht es in der Kapelle los!«

Heidi, Tanja und ich nickten und gingen auf unsere Zimmer.

In meinem Zimmer überlegte ich, auf welchen meiner Wünsche ich mich jetzt vorbereiten sollte: ich könnte zum einen eine Pirateninsel aufbauen für das Piratenschiff oder sollte ich doch lieber eine Fläche frei räumen für die Eisenbahn?

Zeit hatte ich noch genügend. Also baute ich zuerst mit Legos, buntem Papier und Bauklötzen eine Insel für meine Playmo-Figuren.

Dann holte ich aus dem Keller einen Pappkarton. Auf dem Weg nach unten sah ich, wie mein Vater irgendwelche Kisten aus dem Haus trug. Keine Ahnung, was das wieder zu bedeuten hatte.

Aus dem Karton bastelte ich einen Tunnel für die Eisenbahn. Ich schnitt auf zwei Seiten ein Tunnelportal aus und malte anschließend eine Steinmauerung um die Öffnung. Anschließend klebte ich noch aus grünem und braunem Papier ausgeschnittene Bäume rundherum auf den Karton. Sah gar nicht schlecht aus.

Aber was ist, wenn ich weder das eine noch das andere bekommen würde? Keine Ahnung! Ich räumte das restliche Zimmer voll auf und legte mach anschließend aufs Bett und las noch ein wenig. Aber so richtig konzentrieren konnte ich mich nicht. Ich war zu aufgeregt wegen dem bevorstehenden Weihnachtsfest und meine Gedanken kreisten immer zwischen der Eisenbahn und dem Piratenschiff hin und her. Dazwischen dann immer wieder die bange Frage, was ist, wenn ich doch etwas ganz anderes bekommen würde.

Endlich war es Viertel vor 4. Ich zog mein schickes neues Hemd an und die Sonntagshosc, richtete meine Gitarre und die Noten hin und stand so pünktlich im Hausflur und war abmarschbereit. Gleich darauf kamen auch die Mädels. Dann kam Papa – allerdings zur Haustüre herein. Völlig gestresst und noch nicht gerichtet. Er stürmte die Treppe hoch.

»Wo bleibst du denn!«, begrüßte ihn oben Mama. Mehr konnten wir nicht mehr hören, da sich die Türe des Schlafzimmers wieder schloss.

Wir Kinder wurden immer nervöser und traten von einem Fuß auf den anderen. Nach und nach gesellten sich auch die Tante Isolde, die Oma, der Imnauer und der Herr Schneider zu uns.

Und endlich waren dann auch Mama und Papa fertig und wir zogen los zur Kapelle.

In der Kapelle standen schon überall Kerzen und der Innenraum war dadurch festlich und warm erleuchtet. Kein Vergleich mehr mit der kalten Dunkelheit von vorletzter Nacht.

»Ich habe für euch die Stühle da vorne hingestellt«, begrüßte uns Kinder gleich der Ignazius.

Also nahmen der Stefan und ich links von dem kleinen Altar auf den beiden Stühlen platz und die beiden Mädchen rechts davon. Die Erwachsenen setzten sich in die Bänke. Alle waren gekommen, die sich derzeit in Winterdorf aufhielten. Selbst die beiden Backpacker, wobei der Leonhard seine Lockenpracht wieder in der Mütze gebändigt hatte.

Alles war still, die Kerzen flackerten und wir warteten auf das Startsignal.

Dann endlich nickte mir Mama zu und wir begannen mit den Gitarren »Macht hoch die Tür« zu spielen. Wir spielten eine Strophe, dann stimmten alle ein und sangen mit.

Danach erhob sich der Lokführer Heinrich von seinem Platz in der ersten Bankreihe und begann feierlich zu lesen:

»Es begab sich aber zu der Zeit, dass ein Gebot von dem Kaiser Augustus ausging, dass alle Welt geschätzt würde. Und diese Schätzung war die allererste und geschah zu der Zeit, da Cyrenius

Landpfleger von Syrien war. Und jedermann ging, dass er sich schätzen ließe, ein jeglicher in seine Stadt.«

Die Mädchen spielten jetzt »Maria durch ein Dornwald ging«.

»Da machte sich auch auf Joseph aus Galiläa, aus der Stadt Nazareth, in das jüdische Land zur Stadt Davids, die da heißt Bethlehem, darum dass er von dem Hause und Geschlechte Davids war, auf dass er sich schätzen ließe mit Maria, seinem vertrauten Weibe, die war schwanger. Und als sie daselbst waren, kam die Zeit, da sie gebären sollte. Und sie gebar ihren ersten Sohn und wickelte ihn in Windeln und legte ihn in eine Krippe; denn sie hatten sonst keinen Raum in der Herberge.«

Stefan und ich spielten jetzt »Stille Nacht, heilige Nacht« und alle sangen mit. So ähnlich musste es auch bei der ersten Aufführung von »Stille Nacht« geklungen haben, als sich die Herren Mohr und Gruber etwas einfallen lassen mussten, weil die Orgel an jenem Weihnachtsabend nicht funktionierte.

»Und es waren Hirten in derselben Gegend auf dem Felde bei den Hürden, die hüteten des Nachts ihre Herde. Und siehe, des Herrn Engel trat zu ihnen, und die Klarheit des Herrn leuchtete um sie. Und sie fürchteten sich sehr.«

Die Mädchen flöteten »Was soll das bedeuten?«

Der Heinrich las weiter: »Und der Engel sprach zu ihnen: Fürchtet euch nicht! Siehe, ich verkündige euch große Freude, die allem Volke widerfahren wird; denn euch ist heute der Heiland geboren, welcher ist Christus, der Herr, in der Stadt Davids. Und das habt zum Zeichen: ihr werdet finden das Kind in Windeln gewickelt und in einer Krippe liegend. Und alsbald war da bei dem Engel die Menge der himmlischen Heerscharen, die lobten Gott und sprachen: Ehre sei Gott in der Höhe und Friede auf Erden bei den Menschen seines Wohlgefallens.«

Jetzt waren wir wieder an der Reihe und spielten »Lobt Gott ihr Christen alle gleich«.

»Und da die Engel von ihnen gen Himmel fuhren, sprachen die Hirten untereinander: Lasst uns nun gehen gen Bethlehem und die Geschichte sehen, die da geschehen ist, die uns der Herr kundgetan hat. Und sie kamen eilend und fanden beide, Maria und Joseph, dazu das Kind in der Krippe liegen.«

Der Stefan und ich spielten jetzt noch »Herbei oh ihr Gläubigen«.

So schön und besinnlich hatte ich die Weihnachtsgeschichte noch nie gehört und auch bis heute nie wieder zu hören bekommen.

Anschließend beteten wir alle zusammen das Vaterunser.

»Und jetzt singgen wir noch alle zusamen »O` Du Frehliche« sagte die Rosetta nach einer kleinen Pause, in der alles still war. »Die Fleden bitte den Don!«

So sangen wir alle aus voller Kehle »Oh Du Fröhliche«, dass die kleine Kapelle nur so erbebte.

Als ich von meinem Liedertext kurz aufsah, bemerkte ich, dass der Papa und Stefans Vater nicht mehr da waren. Was das wohl zu bedeuten hatte?

Anschließend packten wir unsere Sachen zusammen und als alle draußen waren, begann ich zusammen mit dem Ignazius die Kerzen auszupusten.

Plötzlich stürmte die Tanja wieder in die Kapelle und rief ganz aufgeregt:

»Matze! Matze! Schnell komm! Das musst du gesehen haben!«

Was war denn jetzt wieder? Als ich aus der Kapelle trat sah ich einen hellen Schein hinter dem Bahnhof leuchten.

Nicht schon wieder! Ich hatte doch jetzt wahrlich genug von Feuern in der Nacht!

Doch als ich genauer hinblickte, konnte ich erkennen, dass es der Tannenbaum hinter dem Bahnhof war, der mit lauter brennenden Kerzen geschmückt war und festlich die Umgebung erleuchtete!

»Wow! Das ist ja Wahnsinn!« rief ich entzückt und wollte gerade losrennen, als ich der Länge nach in den weichen Schnee fiel.

»Autsch! Was war denn das?«

Ich war über einen Gegenstand gestolpert, der unter dem Schnee begraben lag und nicht zu erkennen gewesen war.

Der Imnauer kam zu mir und half mir auf.

»Was hat dich denn jetzt wieder umgehauen, Junge?«, wollte er wissen.

»Weiß nicht, da war etwas! Ein Ast oder so«, antwortete ich und begann dabei den Boden nach dem Gegenstand abzusuchen, an dem ich hängen geblieben war. Und nach kurzem Suchen hielt ich ihn in den Händen: Es war unsere Mutter Gottes, die normaler Weise immer über dem Eingang der Kapelle wacht! Ich hielt sie hoch wie einst Franz Beckenbauer den Weltmeisterpokal und zeigte ihn den Herumstehenden.

»Ja Gott sei Dank!«, sagte die Oma gleich und bekreuzigte sich mehrmals.

Der Imnauer nahm mir die Madonna ab und schaute sie genau an.

»Die Befestigung ist völlig durchgerostet. Da hat sich die Dame wohl bei dem Wetter vom Sockel gelöst und wollte sich aus dem Staub machen, was?«

»Und anschließend hat sie sich dann unter dem Schnee verkrochen und versteckt«, fügte ich lachend an.

Wir legten die Madonna erst mal in die Kapelle. Dann stürmten wir Kinder aber los, den Weg zurück zur Straße und von dort zu dem wunderschönen Christbaum. Er war wirklich ein Weihnachtsbaum wie aus dem Bilderbuch. Jede Menge Kerzen verströmten ein wunderschönes warmes Licht. Weiter war der Baum mit Schleifen und Kugeln geschmückt, ein wenig Schnee lag natürlich auch noch auf den Ästen.

Und vor dem Baum stand ein großer Schlitten, vollbeladen mit Geschenken.

»Bitte kneif mich mal, Matze! Ich glaub, ich träume schon wieder!«, sagte der Stefan zu mir.

»Fröhliche Weihnachten!«, rief meine Mutter fröhlich und begann alle der Reihe nach in den Arm zu nehmen. »Fröhliche Weihnachten!« tönte es jetzt aus allen Kehlen und alle machten es ihr nach.

So lagen wir uns gegenseitig minutenlang in den Armen, bis die Tanja die Szene mit der Frage unterbrach: »Und wann ist endlich Bescherung?«

»Na jetzt!«, sagte meine Mutter, ging zum Schlitten und verteilte die Geschenke, in dem sie die Namen auf den jeweiligen Päckchen laut vorlas. Alle mussten dann zuschauen, was der aktuell

Beschenkte auspackte, um sich anschließend entsprechend mit ihm zu freuen.

Wie immer in einem solchen Fall, war ich fast der Letzte, dessen Namen aufgerufen wurde. Ich bekam ein großes Paket von meiner Mutter in die Hand gedrückt, das ganz schön schwer war.

Schnell riss ich das Geschenkpapier auf und da lag sie vor mir: meine erste Eisenbahn! Wahnsinn! Es war ein Startpack mit einer 89er Dampflok, Wagen und einem Schienenkreis mit Abstellgleis.

Wie ich mich freute! Wahnsinn! Mein größter Wunsch war tatsächlich in Erfüllung gegangen!

Kurz danach war die Bescherung beendet und die Rosetta rief: »Essen isch fertig! Kommt alle in die Halle!«

Wie, es gab ein gemeinsames Essen für alle? Oh, das war ja schön! Die Bahnhofshalle war wieder von Kerzen erleuchtet, dieses Mal aber auch noch weihnachtlich geschmückt mit Tannenzweigen und allerlei Weihnachtsschmuck.

Wir saßen alle an einer riesigen Tafel in der Mitte der Bahnhofshalle. Und es gab den angekündigten Gänsebraten! Mit Kartoffelklößen, Rotkohl und Maronen. Köstlich, sage ich!

»Das ist ja fast wie am Ende der Abenteuer von den beiden unbeugsamen Galliern, oder?«, meinte der Stefan.

»Nein, das hier ist viel besser!« sagte ich kauend.

Nachdem wir dann alle ausgiebig gespeist hatten und dem wunderschönen Christbaum noch ein »Oh Tannenbaum« entgegengeschmettert hatten, brachten uns unsere Mütter nach Hause.

Auf dem Weg meinte Tanja: »Das war das schönste Weihnachten aller Zeiten!«

»Das stimmt!«, antwortete meine Mutter mit glasigen Augen.

Kaum in meinem Zimmer, packte ich die Eisenbahn aus, baute die Schienen zusammen und stellte den Zug darauf. Aber leider gab es ja keinen Strom und so konnte ich mir nur vorstellen, wie toll es war, wenn die kleine Dampflok ihre Kreise in meinem Zimmer ziehen würde.

Also legte ich mich ins Bett und schlief daraufhin glücklich und zufrieden ein.

Mitten in der Nacht wurde ich jedoch von einem Licht geweckt, das mir genau in die geschlossenen Augen leuchtete.

»Was ist denn jetzt schon wieder?« schoss es mir durch den Kopf und ich öffnete vorsichtig die Augen. Das Licht kam direkt von einem Punkt neben der Türe. Na klar! Meine wiederaufladbare Taschenlampe! Die hatte ich doch dort eingesteckt und die schien mir jetzt direkt ins Gesicht! Aber das hieß ja, dass endlich wieder Strom da war!

Ich sprang aus meinem Bett und drückte den Lichtschalter. Tatsächlich! Es gab wieder Strom. Sofort steckte ich den Trafo der Eisenbahn ein, saß auf den Boden und spielte mit dem neuen Zug, bis ich die Augen nicht mehr aufhalten konnte und wieder ins Bett stieg.

Vielen Dank …

… an Steffi für die tägliche moralische Unterstützung, sowie das Ertragen meiner jährlich wiederkehrenden Weihnachts-Romantik und meines allgegenwärtigen Eisenbahn-Ticks.

… an meine Eltern für die schönen Advents- und Weihnachtszeiten meiner Kindheit.

… an den Re Di Roma-Verlag für die unkomplizierte Realisierung des vorliegenden Schriftstückes.

A. Matthias Mack, Jahrgang 1972, Vater von zwei Kindern, hatte die Idee für das Buch „Rauhnacht, Weihnacht, Stille Nacht“ beim Betrachten seiner kleinen Modelleisenbahn im Maßstab 1:220. Und so spielt sich diese spannende Weihnachtsgeschichte Ende der 1970er Jahre quasi in einer Winterlandschaft der Größe 33 x 48 cm ab.